Erhard Eppler
Vom Gewaltmonopol zum Gewaltmarkt?

*Die Privatisierung und
Kommerzialisierung der Gewalt*

Suhrkamp

edition suhrkamp 2288
Erste Auflage 2002
© Suhrkamp Verlag Frankfurt am Main 2002
Originalausgabe
Satz: Jung Crossmedia, Lahnau
Druck: Books on Demand, Norderstedt
Printed in Germany
Umschlag gestaltet nach einem Konzept von
Willy Fleckhaus: Rolf Staudt
ISBN 978-3-518-12288-4

5 6 7 8 9 10 – 13 12 11 10 09 08

Inhalt

Vorwort

Daß seit dem 11. September 2001 nichts mehr so wäre wie zuvor, läßt sich mit Fug bezweifeln. Aber wir ahnen, daß die ersten Jahrzehnte des 21. Jahrhunderts von der Antwort geprägt sein könnten, die wir auf die neue Dimension des Terrors finden.

In Europa wächst die Sorge, die amerikanische Antwort könnte falsch sein. Sie könnte den Terror eher beflügeln als ausrotten.

Den Militärhaushalt abrupt aufzustocken um einen Betrag, der dem Doppelten des deutschen Verteidigungshaushalts entspricht, Militärschläge zu planen gegen Länder, die nun von Schurkenstaaten zu Verkörperungen des Bösen avancieren, das läßt alle andern Staaten zurückzucken, erstmals auch die europäischen Verbündeten. Ihre Außenminister tadeln einen »verengten« oder »undurchdachten« Ansatz, eine unangemessene »Dominanz des Militärischen«. Aus Amerika antwortet ein patriotischer Chor mit Schillerschem Pathos: »Der Starke ist am mächtigsten allein!« Dabei könnte der Stärkste, Mächtigste gegen die neuen Gefahren am wenigsten gefeit sein.

Was aber wäre eine europäische, nicht verengte, wohldurchdachte Antwort? Diese gelingt wohl nur, wenn wir den islamistischen Terror einordnen in einen Vorgang, der seit der Implosion des Kommunismus – auf unterschiedliche Weise – alle Kontinente erfaßt hat: die Entstaatlichung, Privatisierung und Kommerzialisierung der Gewalt.

Der Friedensforscher Dieter Senghaas hat schon 1995 die Ent-Privatisierung der Gewalt als erstes Postulat für eine »zivilisierte Politik zur Zivilisierung des Zusammenlebens« genannt. Das rechtsstaatlich kontrollierte Gewaltmonopol des Staates gilt ihm als unschätzbare zivilisatorische Errungenschaft, die sich, etwa durch soziale Gerechtigkeit, stützen und ergänzen, aber durch nichts überbieten läßt.

Genau dieses Gewaltmonopol wird inzwischen ausgehöhlt, in einigen Teilen der Erde auch beseitigt durch die Privatisierung der Gewalt, oft sogar der Sicherheit. Die Gewalt verlagert sich vom Staat zum Warlord, dem Kriegsherrn, der Unternehmer, illegaler Händler, Kommandeur und Lokaldiktator in einem ist. Staatsverfall und Privatisierung der Gewalt bedingen, fördern und beschleunigen einander. Der Terrorist Osama Bin Laden ist nicht das apokalyptische Tier aus dem Abgrund, sondern einer dieser Kriegsherren, allerdings einer, der weltweit zuschlagen kann, der Chef eines multinationalen Gewaltunternehmens.

Was könnte es, so fragt dieses Buch, bedeuten, wenn wir, statt den »Krieg gegen den Terrorismus« zu proklamieren und dann Kriegsgegner auszusortieren, den Terror als die – für uns – gefährlichste Form privatisierter und kommerzialisierter Gewalt begreifen und bekämpfen? Was läßt sich für die Sicherheit der Menschen in Europa und Afrika, Amerika und Asien tun in einem Jahrhundert, in dem die definierbaren Kriege aus der Mode kommen, die Risiken privatisierter Gewalt aber wachsen?

Das Ergebnis solchen Nachdenkens hat sogar den Autor selbst überrascht. Was uns an Umdenken und Umsteuern abverlangt wird, ist weit mehr und auch etwas ganz anderes, als der trotzige Patriotismus der unmittelbar Betroffenen sich träumen läßt.

Zur Klärung der Begriffe

I. Thema dieses Buches ist die privatisierte, kommerzialisierte Gewalt, ihre Kennzeichen, ihre Herkunft, ihre Wirkungen, ihre Bekämpfung und ihre Konsequenzen. Wer mit einem so ungewohnten, wenn auch nicht gänzlich neuen Begriff hantiert, tut gut daran, zu sagen, was er meint.

In diesem Buch wird nicht der erweiterte Gewaltbegriff verwandt, den Johan Galtung in die Diskussion gebracht hat. Für Galtung ist alles Gewalt, was die Lebenschancen des einzelnen hemmt, jede Schranke für die Verwirklichung menschlichen Potentials, soweit sie nicht naturgegeben, sondern gesellschaftlich bedingt ist.

Es soll nicht bestritten werden, daß es so etwas wie »strukturelle Gewalt« gibt. Wo die Herrschaft einer winzigen Schicht über eine ausgebeutete Mehrheit sich in Gesetzen niedergeschlagen hat, kann diese Bezeichnung uns auf den Unterschied zwischen Legalität und Legitimität aufmerksam machen. Möglicherweise war das Gewaltmonopol, das die Territorialfürsten des 16. Jahrhunderts gegen die Raubritter durchsetzten, auch so etwas wie »strukturelle Gewalt« im Interesse ebendieser Fürsten. Aber zum einen war dies den meisten Menschen lieber als die chaotische Gewalt der Raubritter, zum andern war nun die Chance gegeben, eine Rechtsordnung aufzubauen, die schließlich, nach Jahrhunderten, zum Rechtsstaat und endlich zum demokratischen Rechtsstaat umgeformt werden konnte.

Es spricht auch manches dafür, von struktureller privater – nicht privatisierter – Gewalt zu sprechen, wenn etwa ein Unternehmer siebenjährige Kinder von früh bis spät Teppiche knüpfen läßt. Die Not der Eltern könnte dafür sorgen, daß hinter der strukturellen Gewalt des Unternehmers noch die handfeste Gewalt der Eltern steht.

Der Nachteil an Galtungs Gewaltbegriff ist, daß er zum uferlosen, inflationären Gebrauch geradezu einlädt, bis sich schließlich jede Gewalttätigkeit als legitimer Widerstand gegen strukturelle Gewalt rechtfertigen läßt. Wo Begriffe überdehnt werden, sind sie oft nicht mehr sinnvoll zu gebrauchen. Es entsteht eine Dämmerung, in der alle Katzen grau sind.

Anthony Giddens drückt dies etwas vornehmer aus: »Dabei verliert man aus den Augen, was die Gewalt im normalen Sinne des Wortes kennzeichnet, nämlich die Anwendung von Zwang, um anderen körperlichen Schaden zuzufügen« (*Jenseits von Links und Rechts*, Frankfurt/Main 1997, S. 309).

II. Was aber ist genau der »normale Sinn des Wortes«? Es ist – natürlich – in jeder Sprache ein anderer. Das deutsche Wort »Gewalt« deckt ein riesiges Bedeutungsfeld ab, für das ein Engländer wie Giddens drei oder vier Wörter braucht: power, force, control und vor allem violence. Ge–walt kommt von »walten«. Dieses alte germanische Wort meint – wie übrigens seine englische Entsprechung »wield« – handhaben, erledigen, über etwas verfügen. Im 18. Jahrhundert konnte man nicht nur eines Amtes, sondern auch eines Schatzes walten. Man sang nicht nur damals: »Das walte Gott!« Im Englischen konnte man sagen »he wields his influence« oder »he wields his sword«. Gemeint ist beim englischen wie beim deutschen Wort, daß jemand von einer Fähigkeit Gebrauch macht.

Diese keineswegs negative Grundbedeutung ist heute noch lebendig in »Verwaltung«, »Anwalt« – und eben auch in Gewalt. Wir reden von »elterlicher Gewalt« und meinen nicht prügelnde Väter, oder von »Gewaltenteilung« und meinen die Machtbalance zwischen Regierung, Parlament und Justiz. Hier würde ein Brite einfach »power« sagen, ein Franzose »pouvoir«. Gewalt hat also im Deutschen auch die Bedeutung: »Macht«. Aber dann meint Gewalt, daß physischer Zwang ausgeübt wird. Wenn die Polizei eine Demonstration

»gewaltsam« auflöst, dann sind zumindest Wasserwerfer, wenn nicht Schlagstöcke und Gummiknüppel im Spiel. Hier würde der Engländer sagen: »by force«. Wird von einer Söldnertruppe gesagt, sie habe ein Gebiet in ihrer Gewalt, so wäre dies englisch »under control«.

Das deutsche Wort »Gewalt« muß aber auch all das abdekken, was der Brite »violence« nennt. Das Englische hat, wie die romanischen Sprachen, einen Begriff, der vom lateinischen violare = verletzen abgeleitet ist. Alle diese Sprachen besitzen, anders als das Deutsche, ein Wort für jene Gewalt, die verletzt und verletzen will, die tötet und oft auch töten will, ohne daß es dafür eine Rechtfertigung gäbe. Das Wort »violence« wertet. Im Deutschen müssen wir eine solche Wertung mit einem Adjektiv besorgen: »brutale, agressive Gewalt«. Die romanischen Sprachen und mit ihnen das Englische haben dies nicht nötig.

Wo wir in diesem Buch von »privatisierter Gewalt« sprechen, meinen wir eine »violence«, eine verletzende, verletzenwollende und damit illegale Gewalt, die sich aber als irgendwie legitimierte, wenn auch nicht legale Gewalt ausgibt. Es geht um eine »violence«, die gerne »power« sein möchte, zumindest aber »force«.

Die verletzende, mordende Gewalt der »Tiger« im Kosovo war eindeutig »violence«, doch Ražnjatović-Arkan nahm für sich und seine Söldner in Anspruch, die Macht (power) eines Staates, nämlich Jugoslawiens zu verkörpern, eines Staates, der seine Autorität leider mit Gewalt (by force) aufrechterhalten mußte, um den Kosovo unter seiner Gewalt (control) zu halten.

Bin Ladens Selbstmörder wollten verletzen, töten. Ihre Gewalt war grausamste »violence«, aber indem Bin Laden dieses Tötenwollen zum Krieg stilisierte, erhob er den Anspruch, er übe, wie andere, Macht aus und müsse dies leider »by force« tun.

All dies steckt in der Bezeichnung »privatisierte Gewalt«.

Sie ist mehr oder minder kriminelle »violence« mit dem Anspruch, etwas ganz anderes zu sein. Daraus ergibt sich übrigens von selbst, daß wir alles vermeiden müssen, was diesen Anspruch stützt oder gar rechtfertigt.

Der Terror der Al Qaida ist dann die letzte Steigerung einer violence, die mit bestem Gewissen ausgeübt wird, weil sie den Anspruch erhebt, eine Supermacht »by force« zu züchtigen, deren Macht als »violence« gedeutet oder erfahren wird.

III. Mit »privatisierter Gewalt« kann nicht jede Gewalt gemeint sein, die von Privaten, also von Bürgern und Bürgerinnen, ausgeht. Es geht um eine Gewalt, die sich an die Stelle der staatlichen setzt, die das staatliche Gewaltmonopol anficht, aushöhlt und oft auch ersetzen will. Ersticht ein eifersüchtiger Liebhaber seine Gefährtin, so ist dies private, nicht privatisierte Gewalt. Der Mann hat, falls er je darüber nachgedacht hat, nichts gegen das staatliche Gewaltmonopol. Er findet es auch in Ordnung, daß der Staat Mörder bestraft. Er nimmt das Risiko der Strafe in Kauf, weil seine Leidenschaft, seine Wut, sein Tötungswille stärker sind als alle Einsichten.

Prügeln rechtsradikale Schläger in einer kleinen Stadt immer wieder auf Ausländer ein, so tun sie es, weil Ausländer nach ihrer Meinung in der Stadt nichts zu suchen haben. Sie müssen hinausgeprügelt, hinausgeekelt werden. Nicht der Gemeinderat, nicht die Gesetze des Bundes oder des Landes sollen entscheiden, wer hier leben darf, sondern sie, die Schläger. Eigentlich, so meinen sie, müßte die Polizei die »Kanaken« hinauswerfen. Da sie dies in einem schlappen demokratischen Staat nicht tut, müssen nationalgesinnte Männer an ihre Stelle treten. Die Rechtsradikalen fordern das staatliche Gewaltmonopol heraus. Das ist privatisierte Gewalt.

Privatisierte Gewalt ist also organisiert, während private Gewalt meist von einzelnen ausgeht: Ein Schüler schlägt den anderen blutig. Aber auch wenn vier Schüler gemeinsam den Klassenprimus verdreschen, sind sie deshalb noch nicht organisiert. Was sie, nur für diesen einen Überfall, zusammenführt, ist der Neid, der Haß, die Wut auf den einen Klassenkameraden, der ihr Opfer wird. Sonst verbindet sie nichts. Privatisierte Gewalt bedarf der dauerhaften Organisation. Wer die Staatsgewalt herausfordern, ihre Stelle einnehmen will, braucht eine belastbare, strapazierfähige Organisation. Sie kann die Züge eines hierarchisch gegliederten Geheimbundes tragen. Wo, wie in weiten Teilen Afrikas, die Staatsautorität verfällt, braucht privatisierte Gewalt das Licht der Öffentlichkeit nicht zu scheuen. Sie kann öffentlich als wohlorganisierte Ordnungsmacht auftreten.

Natürlich ist die Unterscheidung zwischen privater und privatisierter Gewalt nicht immer einfach. Etwa wenn ein paar Fanatiker eine Stahlplatte auf die Schienen legen, um einen ICE entgleisen zu lassen. Sie sind vielleicht nur lose organisiert. Aber ihre Absicht, zu zerstören und wohl auch zu töten, richtet sich nicht gegen eine verhaßte Person, sondern gegen viele Unbekannte und damit gegen die Gesellschaft. Sie wollen beweisen, daß es keine sicheren Verkehrswege gibt, daß der Staat nicht in der Lage ist, Sicherheit zu gewährleisten. Daher spricht, selbst wenn die Motive der Täter ein Knäuel von Ressentiments sind, mehr dafür, dieses Verhalten zur privatisierten Gewalt zu rechnen.

Ist es nur private Gewalt, wenn ein Autofahrer den Polizisten, der ihn angehalten hat und seinen Führerschein sehen will, einfach über den Haufen knallt? Noch vor zwanzig Jahren hätte man einen solchen Fall konstruieren müssen. Inzwischen ist Ausweiskontrolle für Polizisten nicht ohne Risiko. Handelt es sich hier um die Affekthandlung gestreßter Kolonnenfahrer oder steckt darin auch eine Auflehnung gegen Kontrollen überhaupt? Meint da jemand, dem freien Bürger mit dem Recht auf freie Fahrt habe niemand dreinzureden? Das erste spräche mehr für private, das zweite mehr für privatisierte Gewalt, sogar wenn keine Organisation dahintersteckt. Es wäre dann ein Anzeichen dafür, daß das Gewaltmonopol des Staates in vielen Köpfen nicht mehr existiert.

Im Vergleich zu privatisierter Gewalt erscheinen die Regelverletzungen des zivilen Ungehorsams schon wie eine Hommage an das staatliche Gewaltmonopol. Wer sich vor den Raketendepots von Mutlangen auf die Straße setzte, behinderte den Verkehr. Das konnte die Polizei nicht dulden. Sie trug die Demonstranten weg, einen nach der anderen. Niemand wehrte sich. Oft wurde sogar gelacht, etwa wenn ein Demonstrant allzu gewichtig war. Später meinte ein höchst konservativer Richter, die Friedensbewegten hätten mit ihrem seßhaften Hinterteil Gewalt ausgeübt, und bestrafte sie. Das Bundesverfassungsgericht verwarf die Strafen. Hier hatten Bürgerinnen und Bürger ihre Meinung und ihren Willen kundgetan. Sie hatten eine Regel verletzt, aber keinen Augenblick bestritten, daß die Polizei – und nur die Polizei – das Recht hat, jeden mit Gewalt von einem Ort abzutransportieren, den zu besetzen sie verboten hat. Privatisierte Gewalt nimmt für einzelne oder Gruppen in Anspruch, was nur dem Staat zusteht. Sie mißachtet das staatliche Gewaltmonopol, durchbricht es, nicht selten in der Absicht, es schließlich abzuschaffen. Das wäre die Privatisierung von unten. Gelegentlich privatisiert sich Gewalt auch dadurch, daß die Staatsführung selbst ihr Gewaltmonopol an Private delegiert. Das ist dann die Privatisierung von oben.

Kapitel 1
Vom 20. zum 21. Jahrhundert

I. Sollten die Historiker einst das 21. Jahrhundert mit dem 11. September 2001 beginnen lassen, so nicht, weil an diesem Tag etwas qualitativ Neues geschehen wäre, nicht, weil an diesem Tag gelang, was einige Jahre davor mißlungen war: die Türme des World Trade Centre zum Einsturz zu bringen, sondern weil an diesem Tag offenbar wurde, was spätestens seit dem Ende des Kalten Krieges in Gang gekommen war: die Ent-staatlichung, Privatisierung und Kommerzialisierung der Gewalt.

Vielleicht war das 20. Jahrhundert schon zu Ende, als an Weihnachten 1991 Michael Gorbatschow einsehen mußte, daß er als Präsident eines nicht mehr existierenden Landes zur lächerlichen Figur würde. Damals waren die Implosion des Kommunismus und der Zerfall der zweiten Weltmacht abgeschlossen. Mit dem Kalten Krieg war auch die Zeit einer bipolaren Weltordnung vorbei. Wo früher das sowjetische Politbüro entschieden hatte, wieviel Bewegungsfreiheit den Kommunisten in Budapest oder dem übergeschnappten Diktator in Bukarest zu gestatten sei, nicht zu reden von den fügsamen Parteisekretären in Usbekistan oder Georgien, da entstanden jetzt mehr oder minder unabhängige Staaten, nicht nach den ethnischen Siedlungszonen, sondern genau in den Grenzen der alten Sowjetrepubliken oder nach der europäischen Landkarte von 1919. Oft waren es keine Staaten mit verbindlicher Rechtsordnung und unbestrittenem Gewaltmonopol, vielmehr höchst fragile Gebilde, die dann bald, wie Jugoslawien, auseinanderplatzten oder, wie die asiatischen Republiken, von Stammeskriegern und Warlords in Schrecken versetzt wurden.

Von den Vereinigten Staaten ging kein Impuls für eine neue Friedensordnung aus. Sie kümmerten sich nun, als einzige Weltmacht, sehr viel weniger – oder auch gar nicht mehr – um die Diktatoren der armen Länder, die sich ihren Antikommunismus mit harten Dollars hatten honorieren lassen. Hatte Willy Brandt einmal Kenneth Kaunda, dem Präsidenten aus Sambia, gestanden, der Ost-West-Konflikt binde ihm immer eine Hand auf dem Rücken fest, daher freue er sich auf den Tag, wo er mit beiden Händen helfen könne, so wurde die Entwicklungshilfe der USA nach Ende des Kalten Krieges mit beiden Händen abgebaut. Einen strategischen Sinn – und einen anderen hatte die »foreign aid« wohl nie gehabt – mochte sie noch in Ägypten oder Israel besitzen, in Angola durfte das Morden weitergehen, und als der stramme Antikommunist Mobutu nach drei Jahrzehnten Gewaltherrschaft am Ende war, hatte er das Riesenreich des Kongo auf eine kaum vorstellbare Weise ausgesogen und ruiniert. Seither gibt es keinen kongolesischen Staat mehr.

Auch andere Staaten begannen zu zerfallen, Kriegsherren fingen an, auf das Recht des Stärkeren zu pochen, die Gewalt wanderte langsam und kaum bemerkt, aus den staatlichen Institutionen aus. Die Gewalt privatisierte sich, nicht nur in armen Ländern. Aber niemand wollte es wahrhaben. Dann, am 11. September 2001, forderten 19 Selbstmörder, nur mit Messern bewaffnet, die verbliebene Supermacht heraus. Sie waren keine Soldaten, sondern Teil eines privaten Netzwerks, das ein steinreicher Fanatiker aufgebaut hatte. Sie mordeten – und opferten ihr Leben – als Vollstrecker göttlichen Willens. Sie hatten kein positives Ziel, sie wollten nur die Symbole des »Bösen« auslöschen, die Weltmacht demütigen. Die Schicksale von Einzelmenschen, die Leiden der Erstochenen im Flugzeug, die Todesangst der Passagiere, die Schreie der Verbrennenden in den Türmen, das alles zählte für die Werkzeuge Allahs nicht.

II. Damit niemand übersah, was die Stunde geschlagen hatte, drohte am 9. November 2001, also knapp zwei Monate danach, Osama Bin Laden den Vereinigten Staaten mit dem Einsatz von Massenvernichtungsmitteln – einschließlich Atomwaffen. Niemand lachte über einen verrückten Angeber. Wahrscheinlich, so hörte man, habe er noch keine Atombomben, aber er lasse daran arbeiten. Schon drei Wochen zuvor, am 17. Oktober, hatte die *Süddeutsche Zeitung* über die »nukleare Bedrohung durch Terroristen« berichtet. Ganz könne die Internationale Atomenergiebehörde in Wien (IAEO) den Verbleib von spaltbarem Material, auch von Plutonium, leider nicht kontrollieren. Da bestünden Unklarheiten in Pakistan, Japan, Rußland. Allerdings seien in den letzten Jahren »keine größeren Schmuggelaktionen aufgeflogen«. Müssen alle auffliegen? Von den 156 Fällen atomaren Schmuggels seien ganze sechs solche mit Plutonium oder angereichertem Uran gewesen. Beruhigend. Immerhin: Seit vielen Jahren befassen sich die Geheimdienste mit atomarem Terror.

Vielleicht ist die Drohung vom 9. November auch deshalb kaum wahrgenommen worden, weil Verantwortliche in Politik und Medien Panik vermeiden wollten. Dadurch ist allerdings ein Ereignis unbeachtet geblieben, das die Historiker eines Tages sehr wohl registrieren könnten: Ein Privatmann droht einer Weltmacht mit Atomwaffen und anderen Massenvernichtungsmitteln. Im 20. Jahrhundert kam dies allenfalls in Science-fiction-Romanen vor. Was Bin Laden tat, könnte kein Staat mehr wagen. Die erste Atomrakete von Pjöngjang auf Kalifornien wäre das Ende Nordkoreas. (Auch deshalb ist der Atom-Schutzschild überflüssig.) Aber wohin sollen die Atomraketen der Supermacht fliegen, wenn plötzlich das Zentrum von Detroit oder Chicago durch eine atomare Explosion zerstört wird? Sogar wenn man sicher wäre, wer der Urheber ist, wie sollte man wissen, wo er sich aufhält? Und wenn man es wüßte, darf man Millionen Menschen in Kairo oder Karatschi umbringen, um einen Verbrecher zu richten?

Hier geht es also um eine ganz und gar »asymmetrische« Auseinandersetzung. Saddam Hussein und Slobodan Milošević waren wohl die Letzten, die sich auf einen »symmetrischen« Konflikt mit den USA einließen, einen Krieg von Staat zu Staat, von Armee zu Armee. Die Ergebnisse sind bekannt. Aber was tut eine Weltmacht, wenn ein Millionenerbe, Drogenhändler, Börsenspekulant, Hobbytheologe und Kriegsherr ohne jedes politische Mandat, ohne einen Quadratmeter eigenes Territorium mit der Ermordung Hunderttausender droht? Sicher, da gibt es die Geheimdienste, die diplomatischen Kontakte. Aber was helfen da die Flugzeugträger, die Marschflugkörper? Die militärisch Verantwortlichen könnten sich fühlen wie ein von Stechmücken bis zum Wahnsinn Geplagter, der schließlich mit der Kalaschnikow im Schlafzimmer herumknallt. Vielleicht trifft er sogar eine der Mücken. Aber das Zimmer ist dann nicht mehr bewohnbar.

Zum ganz und gar Asymmetrischen gehört auch das Fehlen politischer Ziele. Ignacio Ramonet hat wohl recht, wenn er (in der Dezember-Nummer 2001 von *Le Monde Diplomatique*) erstaunt konstatiert, daß dieser Bin Laden gar keine politischen Forderungen erhebt, »weder die Unabhängigkeit eines Gebietes noch konkrete politische Konzessionen noch die Einsetzung einer bestimmten Form von Herrschaft«. Diese neue Form des Terrors äußert sich, so Ramonet, als eine Art »Züchtigung oder Bestrafung für ein ›comportement général‹, ein allgemeines Verhalten«. Es geht nicht mehr, wie in der Clausewitzschen Definition des Krieges, um die Fortsetzung von Politik mit anderen, gewaltsamen Mitteln. Es geht gar nicht mehr um Politik, sondern darum, im Namen Allahs ein Land zu züchtigen und Apokalypse zu spielen.

III. Gegenüber dieser im Wortsinne un-erhörten Bedrohung erscheint die amerikanische Reaktion ebenso verständlich wie konventionell: »Krieg gegen den Terrorismus bis zum endgültigen Sieg!« Verständlich, weil eine andere Antwort der schockierten Nation kaum zu vermitteln gewesen wäre. Konventionell, weil die Amerikaner vor 60 Jahren auf Pearl Harbour genauso reagiert haben: Da hat uns jemand überfallen, mit Krieg überzogen. Und nun werden auch wir Krieg führen und den Burschen zeigen, wer die Stärkeren sind! Damals mußten die Feinde in Europa und Ostasien schließlich kapitulieren. Und diesmal, so hoffen viele Amerikaner, wird zwar manches anders, vielleicht auch schwieriger sein, aber wir werden es den Terroristen genau so zeigen.

Präsident Bush stimmte die Nation in seiner Kongreßrede vom 20. September 2001 so ein:

»Dieser Krieg wird nicht so sein wie der gegen den Irak vor einem Jahrzehnt. Dieser Krieg wird nicht aussehen wie der Luftkrieg über dem Kosovo, als keine Bodentruppen eingesetzt wurden... Die Bürger Amerikas sollten nicht mit einer Schlacht rechnen, sondern müssen sich auf einen langwierigen Feldzug gefaßt machen, wie wir ihn noch niemals erlebt haben. Einige dramatische Schläge wird man vielleicht im Fernsehen verfolgen können, aber bei verdeckten Operationen muß oft selbst der Erfolg geheim bleiben. Wir werden die Finanzquellen des Terrorismus austrocknen, die Terroristen... von Ort zu Ort jagen, bis es für sie weder Rast noch Ruhe gibt. Und wir werden die Länder verfolgen, die dem Terrorismus Hilfe oder Unterschlupf bieten. Jedes Land, in jedem Teil der Erde, muß sich nun entscheiden: Entweder Ihr seid für uns, oder Ihr seid für die Terroristen.«

Der Krieg gegen den Terrorismus könnte zwar länger dauern, neue Methoden verlangen, nicht so telegen sein, eher einer Jagd gleichen, aber am Ende werden wir den Feind zur Strecke gebracht haben.

Die Amerikaner haben ihrem Präsidenten diese klare Zielvorgabe mit hoher Popularität gedankt. Ist diese Beschreibung der Aufgabe auch korrekt?

Schon der Begriff des »Terrorismus« ist unscharf. Ismen

sind im Bereich des Politischen Ideologien: Liberalismus, Konservatismus, Sozialismus, Kommunismus. Terror aber ist keine Ideologie, sondern eine Methode der Gewaltanwendung. Terror hat ganz verschiedene Motive und ideologische Begründungen. Sie sind bei der ETA im Baskenland anders als bei der IRA in Nordirland, sie waren bei Baader und Meinhof anders als in Algerien. »D e n Terrorismus« als einheitlichen Feind gibt es nicht. Und sogar beim islamistischen Terror wird inzwischen sauber unterschieden zwischen dem Islam als Religion und dem Terror der Fanatiker. Kurz: Es geht nicht um eine Ideologie des Terrorismus, sondern um die Methode des Terrors. Gegen die kann man viel unternehmen, sie läßt sich bekämpfen und eindämmen. Ob sie sich je definitiv besiegen läßt, darf man bezweifeln. Jedenfalls nicht durch die Bomben einer Supermacht.

Das Pathos des finalen Triumphs, das gerade in den Vereinigten Staaten im Wort »Krieg« mitschwingt, könnte in die Irre führen. So etwas wie die Begegnung der sowjetischen und amerikanischen Sieger bei Torgau an der Elbe 1945 wird es im »Krieg gegen den Terrorismus« nicht geben. Wer so etwas wie die »restlose Ausrottung des Terrorismus auf der Welt« erreichen wollte, müßte, ob er will oder nicht, so viele Unschuldige treffen, so viele Menschen verletzen und demütigen, daß immer neuer Terror unausweichlich würde. Soll jedes Land niedergerungen werden, bei dem Zweifel bleiben, ob es »für« die USA ist? Kann das gelingen? Und wenn es gelänge, müßte dies den Terror eliminieren – oder stärken?

Am 17. Oktober 2001 veröffentlichte die *Frankfurter Allgemeine Zeitung* einen Beitrag des englischen Romanciers John le Carré unter der provozierenden Überschrift: »Dieser Krieg ist längst verloren«. Daran mag man zweifeln, denn solche »Kriege« haben selten Sieger und Besiegte. Und in Afghanistan hatten die USA Erfolg. Aber kaum zu bestreiten ist, wenn le Carré erläutert: »(Es) läßt sich nicht verhindern, daß ein zweiter Selbstmordattentäter geboren wird, sooft ein fehlgeleiteter Marschflugkörper ein unschuldiges Dorf vernichtet.«

Terror, das ist seine Definition, will Schrecken, Angst, Unsicherheit, Panik verbreiten. Das ist Bin Laden bisher gelungen. Offenkundig hat er gar nichts zu tun gehabt mit der Verschickung von Milzbranderregern in den USA. Aber weil die verschreckten Menschen überall Gefahren witterten, konnten andere, wohl sogar US-Bürger, mit ein paar ominösen Päckchen die Nation verwirren. Sollte es jemals eine nukleare Explosion in einer westlichen Großstadt geben, so wird von diesem Tage an jede Drohung mit einer solchen Katastrophe unvorstellbare Panik auslösen, auch dann, wenn nur ein Verrückter oder ein Zyniker sich einen makabren Scherz erlauben will. Wenn es den Terroristen gelingt, das Lebensgefühl von Millionen Menschen zu verändern, haben sie – nach ihren Maßstäben – gewonnen. Sobald wir überall Gefahren wittern, etwa das Flugzeug meiden und im ICE uns überlegen, wie leicht ein solcher Zug zum Entgleisen gebracht werden kann, hat der Terror gewirkt. Sensationslüsterne Medien sind da die unfreiwilligen Verbündeten der Terroristen.

So spiegelt die amerikanische Antwort: »Krieg gegen den Terrorismus bis zum vollständigen Sieg« eher das Denken des letzten als des neuen Jahrhunderts. War diese Antwort mehr rhetorisch als faktisch gemeint, dann muß sie vernünftigem Handeln nicht im Wege stehen. Sie wird dann irgendwann vergessen, und an ihre Stelle treten nüchterne Zielbeschreibungen. Sollte sie ernst gemeint sein, kann sie im 21. Jahrhundert nur Unheil anrichten. Sie scheitert nämlich an der Privatisierung der Gewalt.

IV. Das 20. Jahrhundert war das Jahrhundert staatlicher Gewalt, auch des kaum bestrittenen staatlichen Gewaltmonopols. Das konnte demokratisch legitimierte und kontrollierte Gewalt sein, häufig war es diktatorische, gesetzlose, ja totalitäre Gewalt. In zwei Weltkriegen wurden ganze Generationen ausgelöscht. Ein deutscher Generalstab – lange vor Hitler – wollte vor Verdun die französische Armee ausbluten lassen, mit dem vorhersehbaren Ergebnis, daß auch die deutsche unvorstellbare Opfer zu bringen hatte. Die Frauen und Mütter der Opfer nahmen den Verlust ihrer Männer und Söhne geduldig hin, trauernd, weinend, nicht aufbegehrend. Das war nun einmal so, der souveräne Staat hatte das Recht, den massenhaften Tod fürs Vaterland zu fordern und zu organisieren. Manche der Frauen waren sogar stolz, traurig, aber stolz. Für eine Generation, die russische und serbische Mütter handfest für ihre gefährdeten Söhne demonstrieren sah, ist dies kaum mehr zu verstehen.

Das Gewaltmonopol der Nationalstaaten nach innen verstand sich von selbst. Unter Hitler und Stalin verkam es zum Mordmonopol. Terror war fast immer Staatsterror. Stalin verbreitete Furcht und Schrecken in seiner Partei. Hitler, der sich schon am 30. Juni 1934 als »des Deutschen Reiches oberster Gerichtsherr« aufgespielt hatte, entschied über Leben und Tod von Millionen.

Sieht man, wie Anthony Giddens, Militarismus »gekennzeichnet von alles durchdringenden hierarchischen Befehlsstrukturen, die der bürokratischen Organisation in der Industrie und im Staat entsprachen« (*Jenseits von Links und Rechts*, a. a. O., S. 312), dann war er in den meisten Industriestaaten – mit graduellen Unterschieden – zu Hause. Er war »die Folge eines Staatensystems, das die Befriedung im Innern mit der Vorbereitung auf den äußeren Krieg verband«. (Giddens, a. a. O.)

Die Ideologien des 20. Jahrhunderts entstanden meist außerhalb des Staatsapparats, aber mit dem Ziel, sich dieses Apparats zu bemächtigen. Das gelang den Kommunisten, später Faschisten und Nationalsozialisten. Man mag darüber streiten, ob dabei die Staaten zu Instrumenten der Ideologie oder die Ideologien zu Instrumenten staatlicher Machtentfaltung wurden. Der Staat definierte sich ideologisch. Westlichen

Besuchern der DDR fiel immer wieder auf, wie Pfarrer und Bischöfe, wenn sie ihre Kontakte zur SED-Führung oder zur Regierung schilderten, regelmäßig vom »Staat« redeten. »Der Staat meint, will, verlangt, akzeptiert.« Staat, Regierung, Partei, Ideologie, das war alles eins.

In fernerer Zukunft könnte auch der Kalte Krieg als Höhepunkt staatlichen Machtanspruchs verstanden werden. Die beiden Supermächte repräsentierten ihren Teil der Welt und dessen Wertordnung. Staaten wie die Bundesrepublik und die DDR verdankten ihre Entstehung dem Kalten Krieg. Kommunismus und Antikommunismus gehörten zur Staatsraison. Damit kein Staat aus der Frontlinie ausscherte, duldeten oder förderten auch die USA gelegentlich eine Militärdiktatur, die Sowjetunion ließ ihre Panzer rollen. Wer im Kalten Krieg nicht eindeutig genug Stellung bezog, galt im Osten als Staatsfeind, im Westen als – sorgfältig überwachter – Mitläufer der anderen Seite.

Daß der Kalte Krieg die hohe Zeit der staatlichen Gewalt war, hatte auch seine Vorteile. Es hat vielleicht verhindert, daß aus dem Kalten Krieg ein heißer wurde. Staaten haben ihre Interessen. Sie sind erkennbar, analysierbar und – in Grenzen – berechenbar. Berechenbarkeit ist eine politische Tugend, die dem Frieden dienen kann. Jede Seite wußte von der anderen, daß sie ihre eigenen Städte schützen, bewahren, daß sie das Weiterleben ihres Staates und seiner Menschen sichern wollte. Das aber bedeutete, daß keiner den anderen mit einem »Erstschlag« angreifen konnte, solange die Zweitschlagskapazität des Überfallenen gesichert war. Niemand wollte den Doppel-Selbstmord.

So hatten die strategischen Überlegungen und Konzepte auf beiden Seiten etwas vom Schachspiel an sich und damit etwas höchst Rationales, allem ideologischen Getöse zum Trotz. Deshalb wurden auch Abkommen über Rüstungsbegrenzung und sogar über Abrüstung möglich.

Dieses rationale Element fehlt völlig, wo nicht mehr Staaten gegen Staaten stehen. Es gibt kein Land, nicht einmal eine Stadt, für die ein Bin Laden Verantwortung zu tragen hätte. Er braucht sich nicht um das Überleben anderer Menschen zu kümmern, nicht einmal um das seiner Gefolgsleute, deren Selbstmord er verlangen kann.

Natürlich wirkten auch während des Kalten Krieges Wirtschaftsinteressen auf die Verteidigungspolitik ein. In beiden Supermächten standen die Regierungen unter dem Druck dessen, was man in den USA den militärisch-industriellen Komplex nannte. Aber zwischen den ökonomischen Interessen und den B-2-Bombern stand der Staat, der Präsident, der Kongreß, das Pentagon. Wir werden sehen, daß sich dies nicht von selbst versteht, daß im 21. Jahrhundert zwischen Rohstoffinteressen und Kalaschnikow kein Staat mehr stehen muß, nur der Warlord, der gleichzeitig Unternehmer und Kriegsherr ist.

V. Die Sowjetunion war noch nicht auseinandergebrochen, da schrieb der israelische Militärhistoriker Martin van Creveld an einem Buch, das dann 1991 in New York unter dem wenig spektakulären Titel »*The Transformation of War*« herauskam (Deutsch 1998 *Die Zukunft des Krieges*). Seine These war: Die Kriege des 20. Jahrhunderts sind vorbei, sie kommen nicht wieder. Die Massenheere werden sinnlos. Aber deshalb wird die Erde nicht friedlicher. Und die Engländerin Mary Kaldor sekundierte ihm 1999: »Der Krieg, wie wir ihn seit zwei Jahrhunderten kennen, ist vielleicht so anachronistisch geworden wie die Sklaverei« (Mary Kaldor, *Neue und alte Kriege*, Frankfurt/Main 2000, S. 239).

In einer Zeit voller Kriegsgeschrei und Anti-Kriegsgeschrei wird diese These Widerspruch finden. Aber zumindest in Europa sind Kriege im Stil des 20. Jahrhunderts kaum mehr denkbar. Französische, polnische und deutsche Soldaten fühlen sich inzwischen nicht weniger miteinander verbunden als preußische, sächsische und bayerische vor dem

Ersten Weltkrieg. Der Offiziersbewerber von heute, der für den Krieg zwischen regulären Armeen ausgebildet wird, dürfte bis zu seiner Pensionierung nie anwenden, was er gelernt hat. Trotzdem wird es ihm nicht langweilig werden. Er wird es immer wieder zu tun bekommen mit einer Gewalt, die sich aus den Institutionen des Staates gelöst hat, mit einer privatisierten, kommerzialisierten und oft auch kriminalisierten Gewalt. Das hat seine Vorgeschichte.

Als der Kitt der Bipolarität nach dem Zusammenbruch des Kommunismus abbröckelte, kam es zu keiner neuen Ordnung für diesen Globus. Die USA als Hegemonialmacht bemühten sich nicht übermäßig darum. Sie erweiterten die NATO und vertrauten auf das Gewicht ihrer Überlegenheit. Wer gegen sie aufmuckte, mußte es büßen. Die USA wollten hegemoniale Ordnungsmacht sein, aber sie wollten immer freie Hand haben. Daher entzogen sie sich multilateralen Abmachungen und Regeln, um jederzeit ohne Umschweife amerikanische Interessen – oder was der jeweilige Präsident dafür hält – vertreten und durchsetzen zu können.

VI. Im übrigen vertrauten die Vereinigten Staaten auf den Markt, genauer: auf den globalisierten Markt. Und dies nicht nur, weil ein freier Markt meist zugunsten der Stärksten wirkt. Schließlich war es der Markt, der gesiegt hatte. Das kommunistische System hatte versucht, den Markt durch politische Entscheidungen und staatliche Bürokratie zu ersetzen. Es war gescheitert, nicht zuletzt genau daran. War es nicht an der Zeit, den umgekehrten Versuch zu machen? Ließ sich nicht auch Politik durch den Markt ersetzen? Ließen sich nicht auch politische Entscheidungen an den Markt delegieren? Sicher nicht alle, das war Ronald Reagan klar. Aber warum sollte man nicht ausprobieren, wie weit man dabei gehen konnte?

Jedenfalls war das Vertrauen in den Markt unangetastet, das in die Politik – nach allem, was sie im 20. Jahrhundert angerichtet hatte – eng begrenzt. Der Sieg über den Kommunismus wurde verstanden und gefeiert als Sieg des neoliberal interpretierten Marktes. Es waren gerade die gewendeten Kommunisten, die sich das jämmerliche Verenden ihres Systems so erklärten. Nicht Willy Brandt, sondern Margaret Thatcher war das Leitbild derer, die gelernt hatten, an Gesetze der Geschichte zu glauben. Wenn nun die marxistischen Gesetze offenbar nur im Reich der Wünsche und Träume galten, dann schien es opportun und sogar vernünftig, sich an die kapitalistischen Gesetze des Marktes zu halten, und zwar ohne allen schmückenden und damit auch relativierenden Firlefanz. Wenn es schon nicht stimmte, daß der Weg vom Kapitalismus über den Sozialismus zum Kommunismus und zur klassenlosen Gesellschaft vorgezeichnet war, dann war auch jede Kapitalismuskritik sinnlos. Und so hatten es die Chicago-boys in Moskau und anderswo leichter als in Frankreich oder Deutschland. Aus kommunistischen Funktionären wurden knallharte kapitalistische Manager, legale und illegale.

Aber die neoliberalen Rezepte funktionierten nicht. Amerika kann sich Marktradikale leisten, weil eine traditionell starke Zivilgesellschaft die Wirkungen des Marktes abfedert. In Rußland war die Zivilgesellschaft noch nie von Bedeutung gewesen. Nach 70 Jahren Kommunismus war sie zerstört. Das Vakuum füllte die Mafia, also privatisierte Gewalt, die beim Einzug von Schutzgeldern zeitweise robuster vorging und auch erfolgreicher war als der Staat beim Einzug von Steuern. Kein Wunder, daß man nie wußte, welches Regierungsmitglied sich allzu gut mit dem einen oder anderen Boß verstand. Der Westen hat bis heute noch seine Vorbehalte gegen einen Präsidenten Putin. Ist er ein Demokrat? Er will das staatliche Gewaltmonopol wiederherstellen mit oder notfalls ohne Demokratie. Er will »die Diktatur des Gesetzes«. Vielleicht hat er recht. Ein Staat läßt sich demokratisieren, die privatisierte Gewalt der Mafia nicht. Putin will die Wirtschaft in

Gang bringen. Ein Investor, auch wenn er noch so sehr vom deregulierten Markt schwärmt, verlangt zuerst einmal Rechtssicherheit.

VII. Hier ist nicht der Ort, die Vorteile und Gefahren der Globalisierung abzuhandeln, wohl aber die Schwächung der Staaten durch ihre Abhängigkeit vom globalisierten Kapital. Wer als Investor auswählen kann, ob er in Kanada, Brasilien, Südkorea, Irland oder Deutschland seine neue Fabrik bauen will, kann Bedingungen stellen. Einmal an die Kommune, der er neue Arbeitsplätze beschert. Aber auch an den Staat, zumal wenn dieser klein und schwach auf der Brust ist.

Wenn die Regierung eines großen Industrielandes feststellen muß, daß die eigenen Unternehmen weit mehr im Ausland investieren als ausländische Firmen im eigenen Land, wird man ihr rasch vorwerfen, sie fördere die Arbeitslosigkeit. Und wenn die Höhe der Unternehmenssteuern als Ursache dafür dingfest gemacht werden kann, dann bleibt dem Finanzminister nichts anderes übrig, als sich auf den globalen Wettbewerb um die niedrigsten Unternehmenssteuern einzulassen. Wenn aber über mehr als ein Jahrzehnt ein Staat den andern bei den Unternehmenssteuern unterbieten muß – oder zu müssen glaubt –, dann hat dies Folgen. Einmal verlagert sich die Steuerlast immer mehr auf Arbeitnehmer und Verbraucher, zum andern wächst die Staatsverschuldung sogar dann, wenn staatliche Leistungen gekürzt und gestrichen werden. Schließlich kann auch der Ruf laut werden: »Finanzminister aller Länder, einigt Euch!« Aber der hätte nur Erfolg, wenn alle mitspielten.

Häufig ist es nicht die pragmatische Überlegung, wie ein Betrieb am besten zu führen sei, die eine Stadt dazu bringt, ihre Stadtwerke oder gar die Wasserversorgung zu privatisieren. Oft ist es das Diktat des Kommunalhaushalts, die akute Finanznot, die eine Gemeinde zwingt, ihr Tafelsilber zu verscherbeln. Das gilt in Deutschland vor allem da, wo florierende Unternehmen plötzlich keine Gewerbesteuer mehr zahlen, weil sie ihre kräftigen Gewinne verrechnen können mit den Verlusten eines Unternehmens, das sie übernommen haben.

Die deutschen Bundesländer sind für die Polizei zuständig, aber auch für die Schulen. Für beides müßten sie wesentlich mehr Geld haben. So kann man heute Polizisten darüber klagen hören, daß sie längst nicht so gut ausgestattet seien wie ihre Kollegen von den privaten Sicherheitsagenturen. In Deutschland kommt heute auf einen Polizisten ein Angestellter privater Sicherheitsdienste. Im Durchschnitt der USA ist das Verhältnis bereits 1:3 für die Privaten, in Kalifornien 1:4. Und es verschiebt sich weiter zu deren Gunsten, auch in Deutschland.

Wer ein Gefühl für Zahlen hat und des Kopfrechnens kundig ist, staunt manchmal über die Relation zwischen den Summen, über die im Bundestag gestritten wird, und denen, die bei einem Übernahmestreit zwischen Konzernen im Spiel sind. Als Hans Eichel sich vornahm, 30 Milliarden Mark aus dem Bundeshaushalt zu streichen – und das verlangte viel Kraft –, konnte man in der Zeitung lesen, daß Vodafone die Übernahme von Mannesmann das Zwölffache dieser Summe wert war. Der Sieg von Vodafone wurde dann dem Vorstandsvorsitzenden von Mannesmann durch eine Abfindung erträglich gemacht, mit deren Zinsen Herr Esser ein halbes Dutzend Bundeskanzler besolden könnte.

VIII. Wo so riesige Summen im Spiel sind, wo Einzelpersonen mehr besitzen, als ganze Völker erwirtschaften (das Vermögen von Bill Gates entspricht etwa dem Bruttosozialprodukt Singapurs, das Vermögen von L. J. Ellison, Oracle, dem Sozialprodukt Ungarns), darf man sich nicht wundern, wenn das Streben nach privat finanzierter Sicherheit nicht beim Werkschutz Halt macht. Und wenn von 10000 gesetzestreuen Superreichen auch nur einer versucht, direkte Macht auch über die Gewehrläufe auszuüben, könnte er ganze Kontinente verwirren.

Die andere Seite der Medaille: Wo, wie in Afrika, Beamtengehälter oft so berechnet sind, daß nur mit den Zusatzeinnahmen aus Korruption eine Familie zu ernähren ist, darf man sich nicht wundern, wenn Staaten keine Autorität gewinnen und schließlich zerfallen.

Auch die Vereinten Nationen, mit denen sich seit ihrer Gründung die Hoffnung auf eine friedlichere Welt verbindet, leiden an ihrer unzureichenden und vor allem unsicheren Finanzierung. Es ist der US-Kongreß, der dafür sorgt, daß die Weltorganisation oft nicht handlungsfähig ist. Die amerikanischen Pflichtbeiträge werden, wenn überhaupt, meist mit jahrelanger Verzögerung und unter Auflagen bezahlt, die freiwilligen Leistungen, etwa für das Entwicklungsprogramm der Vereinten Nationen (UNDP), werden immer weiter gekürzt. So hatte UNDP als Basisfinanzierung 1999 718 Millionen US-Dollar, sieben Jahre zuvor waren es noch 1,2 Milliarden gewesen. Dem Leiter von UNDP schrieb man das »downsizing« im Stil eines maroden Privatunternehmens vor. Was blieb den UN anderes übrig, als nach privater Finanzierung Ausschau zu halten? 1997 überwies der Milliardär Ted Turner den Vereinten Nationen eine Milliarde US-Dollar. Turner und seine Frau Jane Fonda erklärten, daß sie nicht die Absicht hätten, sich in die Entscheidungsfindung der UN einzumischen. Aber durch die Gründung der unabhängigen »UN-Foundation« taten sie es doch. Ein Gremium, das allenfalls seinen Geldgebern rechenschaftspflichtig ist, entscheidet darüber, welche UN-Programme von der Spende profitieren sollen. Inzwischen sucht der Generalsekretär Kofi Annan die »Zusammenarbeit« mit multinationalen Konzernen. Daß dies der Autorität der Vereinten Nationen guttut, darf man bezweifeln.

Kapitel 2
Die Privatisierung der Gewalt von unten

I. Daß staatliche Gewaltmonopole von unten, von Revolutionären und Rebellen, herausgefordert werden, ist nicht neu. Von den Bauernkriegen bis zum »Leuchtenden Pfad« in Peru haben sich Gruppen, die sich unterdrückt fühlten, gegen ihre Obrigkeit gewehrt, notfalls mit Waffen. Sogar wenn ihr Aufstand in einem Blutbad endete, haben kluge Geschichtsschreiber sie manchmal rehabilitiert, den Erfolglosen Gerechtigkeit widerfahren lassen.

Aber die Rebellen von heute sind nicht mehr die aus dem 16. Jahrhundert, auch nicht mehr die »wohlerzogenen Guerillas« (Mary Kaldor) der siebziger Jahre des 20. Jahrhunderts. Che Guevara war ein charismatischer Idealist, den das Elend lateinamerikanischer Landarbeiter und Kleinbauern zum Revolutionär hatte werden lassen. Er wollte die Unterdrückten befreien, den Entrechteten zu ihrem Recht verhelfen. Dazu mußte die Gesellschaft neu geordnet werden. Er kämpfte, wählte sorgfältig seine Mittel, verlor und starb.

Die Vietcong der siebziger Jahre wollten auch eine gerechtere Gesellschaft. Vor allem aber wollten sie die US-Truppen vertreiben, ihnen so viele Verluste zufügten, daß die amerikanische Öffentlichkeit den Krieg satt bekam. Sie waren, wie die Gefolgsleute Che Guevaras, ideologisch hoch motiviert. Und sie fühlten sich als Teil des weltweiten Kampfes zwischen Kapitalismus und Kommunismus. Sie hatten keine kommerziellen, sondern politische, ideologische Ziele. Sie waren politische Rebellen. Ihre Anhänger wie ihre Gegner sahen dies so.

Revolutionäre und politische Rebellen haben einen Bezug zum Staat. Sie wollen, wie die amerikanischen Siedler des Unabhängigkeitskrieges, einen eigenen Staat oder, wie die Bolschewiki 1917, einen ganz anderen Staat oder, wie die Indianer Mexikos, einen gerechteren Staat. Privatisierte Gewalt will häufig gar keinen Staat, er wäre nur hinderlich. Das gilt für die Warlords in Afrika oder Asien. Oft gibt privatisierte Gewalt zwar vor, einen anderen Staat zu wollen, aber sie ist schon so weit kommerzialisiert und bedient sich so zweifelhafter Mittel, daß damit keine staatliche Rechtsordnung mehr hergestellt werden kann.

Als im Jahr 2000 deutsche Zeitungen über die Geiselnahme einer deutschen Familie aus Göttingen berichteten, war auch von einer Rebellengruppe die Rede. Sie nannte sich Abu Sayyaf. Es handle sich um muslimische Fundamentalisten, die ihre Insel Jolo von der (katholisch dominierten) Regierung in Manila unabhängig machen wollten. Aber dann erfuhren wir, den Geiselnehmern gehe es doch vor allem um Geld. Sie brachen ihr Wort, als sie Journalisten gefangensetzten, denen sie freies Geleit versprochen hatten. Und sie nahmen Geld, viel Geld. Schließlich fragten sich die Deutschen, womit es die Unterhändler aus Berlin oder Manila denn nun zu tun hätten, mit muslimischen Fanatikern oder mit geldgierigen Geiselgangstern. Der Wahrheit am nächsten waren die Beobachter, die, nicht ohne Verwunderung, zu dem Schluß kamen: Diese Rebellen seien beides zugleich: muslimische Fundamentalisten und kriminelle Gangster. Dabei war die Mischung der beiden Elemente sogar bei jedem der Abu-Sayyaf-Anhänger verschieden, beim einen überwog der Fanatismus, beim andern die Geldgier, für den einen war Abu Sayyaf mehr ein politisch-religiöses, für den andern mehr ein kommerzielles Unternehmen. In jedem Fall war ihr Tun kriminell.

II. Diese Mischung finden wir heute bei fast allen Gruppierungen, die von unten gegen staatliche Gewaltmonopole angehen. Sie bekennen sich in der Regel zu Ideologien, die meist in Fundamentalismen religiöser oder nationalistischer Prägung wurzeln. Daneben haben sie aber auch mafiöse Strukturen. Sie leben von Schmuggel, Drogenhandel, erpreßten Schutzgeldern, auch von Diebstahl und Plünderung. Verschieden sind die Mischungsverhältnisse. Bei der UCK im Kosovo überwog sicher der Wille zur nationalen Unabhängigkeit, die mafiösen Strukturen und Methoden dienten der Finanzierung des Kampfes. So war es wohl zu Beginn auch bei den tschetschenischen Rebellen. Aber je länger das Morden hin und her dauert, desto stärker wird erfahrungsgemäß das kriminelle Element, zumal dann, wenn hartgesottene Söldner aus anderen Ländern sich den Rebellen anschließen. Daher war die NATO gut beraten, als sie auf die politischen Forderungen der albanischen Kämpfer in Mazedonien einging, ehe das Morden zum täglichen Handwerk wurde. Was in Mazedonien den Frieden erhalten konnte, eine Änderung der Verfassung, wäre nach Jahren des Kampfes kaum mehr gelungen. Und es hätte auch nicht mehr genützt.

Häufig können sich Rebellen auf Hilfe aus westlichen Hartwährungsländern verlassen. Die albanische Diaspora, die zu Beginn der neunziger Jahre etwa eine Million Menschen umfaßte, davon zwei Drittel in Westeuropa, ein knappes Drittel in Nordamerika, half der UCK nicht nur durch Geldsammlungen beim Waffenkauf. Da gab es eine manchmal recht robust eingeforderte Sondersteuer. In Deutschland und der Schweiz drängten Albaner auch auf den Drogenmarkt, in Italien übernahm sie die Kontrolle über die Straßenprostitution. Wie Johannes von Dohnanyi in der Zeitschrift »der Überblick« (2/2001, S. 22 ff.) berichtet, informierte die NATO Anfang 1999 die polnische und die ungarische Regierung davon, daß die UCK sich inzwischen vorwiegend über Zusammenarbeit mit der organisierten Kriminalität finanziere. Sie habe über den grauen und schwarzen Markt Kontakt zu Waffenlieferanten in Zypern, Malta, Israel und Südafrika aufgenommen. Man legte ihr sogar die Ermordung von

Politikern aus dem Umfeld des gemäßigten Albanerführers Rugova zur Last. Das alles ändert nichts daran, daß es hier um die Rechte eines seit Jahrhunderten unterdrückten, auf viele Staaten aufgeteilten Volkes ging. Aber es spricht doch Bände, wenn Gegner der UCK inzwischen vorwerfen konnten, der Freiheitskampf für Groß-Albanien sei nur noch ein Vorwand, um das kriminelle Netzwerk der kosovarischen Diaspora am Leben zu halten.

III. In Kolumbien zählt die Rebellen-Guerilla etwa 26 000 Kämpfer, davon 15 000 bei den »Fuerzas Armadas Revolucionarias Colombianas« (FARC) und knapp 6000 bei den »Ejercito de Liberación Nacional« (ELN). Sie beherrschen weite Teile des Staatsgebiets, sind in etwa der Hälfte der kolumbianischen Gemeinden präsent. Ihre jährlichen Einnahmen schwanken zwischen 600 Millionen und einer Milliarde Dollar. Bei der FARC stammen sie zu etwa 60 % aus der Besteuerung von Drogenanbau und Drogenvertrieb. Die Rebellen waren ursprünglich politisch-revolutionäre Kampfgruppen. Sie waren schon aktiv, ehe in Kolumbien Ende der siebziger Jahre Anbau und Handel mit Drogen begannen. Aber inzwischen ist die Frage erlaubt, ob diese Rebellen mit Drogen handeln, um ihre politischen Ziele zu erreichen, oder ob sie Gewalt anwenden und Krieg spielen, um ihr Drogengeschäft abzusichern. Im übrigen gleichen sich die Methoden der Guerilla denen ihrer Gegner, zumal der Paramilitärs, immer mehr an. Beide betreiben geradezu industriell ein Erpressungs- und Entführungsgeschäft und kümmern sich kaum um die Interessen der Armen, um derentwillen FARC und ELN einst gegründet wurden. Auch in Kolumbien weiß niemand mehr, ob die Rebellen mehr von ihren politischen Zielen oder von ihren kriminellen Geschäften motiviert und zusammengehalten werden. Jedenfalls ist ihr Wille zum Frieden sehr begrenzt, zumal dann, wenn er sie um ihre lukrativen Geschäfte bringen könnte.

Häufig sind Rebellengruppen auch religiös motiviert. Im Norden Ugandas operiert die »Lord's Resistance Army«. Im Namen des Herrn, der sogar die Feindesliebe predigte, wird hier geplündert, vergewaltigt und gemordet. In Algerien haben sich nach der Annullierung der Wahlen aus der FIS (Front Islamique) heraus bewaffnete Gruppen gebildet, denen scheußliche Verbrechen angelastet werden. Weder ihr Terror noch der staatliche Gegenterror hat noch etwas zu tun mit der Frage, ob und wie die Islamisten zu Mitträgern des algerischen Staates werden können.

Auch im chaotischen Teil Afrikas, etwa in Liberia, Sierra Leone, im Kongo und in Angola, nennen sich manche Banden »Rebellen«. Aber sie können nicht mehr erklären, wofür sie denn rebellieren. Sie proklamieren zwar gelegentlich hehre Ziele. In Wirklichkeit unterscheiden sie sich nicht von den Söldnern der üblichen Warlords. Sie haben aus der Gewalt ein Geschäft gemacht auf Kosten der Menschen, für die einzutreten sie immer wieder beteuern.

IV. Wie die Privatisierung der Gewalt von unten um die Jahrhundertwende aussieht, belegt exemplarisch ein Bericht der *Welt* aus Cotonou über eine Rebellion im westafrikanischen Benin (früher Dahomey). Er stammt vom 21. 10. 1999:

»Im Südwesten von Benin hat eine Bürgerwehr das Recht in die eigene Hand genommen. Unzufrieden mit den Bemühungen des Staates um die Verfolgung von Straftaten haben die Vigilanten in diesem Jahr bereits mehr als 100 Menschen hingerichtet.

Der Anführer der gut 1000 Mann starken Truppe, die sich in den Regionen Couffo und Mono starker Unterstützung aus der Bevölkerung erfreut, ist der Bauer Ehoum Zinsou Devi, genannt ›Colonel Civil‹ Devi. Der 45jährige hat die denkbar einfachste Rechtsauffassung zu der seinen gemacht. Wen er für einen Verbrecher hält, läßt er steinigen oder verbrennen. ›Das Blut der Opfer schreit nach Rache‹, erklärte

Devi unlängst auf einer Versammlung im Stadion von Lokossa, etwa 100 Kilometer nordwestlich der beninischen Hauptstadt Cotonou, wo ihm einige politische Parteien und einer der führenden Gewerkschafter des westafrikanischen Landes öffentlich ihre Unterstützung zusicherten.

›Ich will Gerechtigkeit, und zwar sofort‹, sagte er vor 20000 Zuhörern. Er werde nicht auf ein Einschreiten des weißen Mannes warten, nicht auf eine Gerechtigkeit der Worte und schon gar nicht auf irgendwelche faulen Kompromisse.

Der zivile Oberst drohte damit, die Gefängnisse zu stürmen, die Insassen herauszuholen und samt und sonders hinzurichten. Auslöser für Devis radikale Initiative ist neben dem von ihm nie verwundenen frühen und gewaltsamen Tod seines Zwillingsbruders die zunehmende Gewalt im beninischen Südwesten. Seit Anfang des Jahres ziehen einheimische und ausländische Gangsterbanden raubend und vergewaltigend durch die Gegend. Sie sollen mehrfach Väter dazu gezwungen haben, ihre eigenen Töchter zu mißbrauchen. Bis heute war die Polizei außer Stande, dem Treiben ein Ende zu machen.

Menschenrechtler sind entsetzt . . . ›Verbrecher müssen vor ein ordentliches Gericht gestellt werden, sie dürfen nicht auf offener Straße hingerichtet werden‹, heißt es in einer Stellungnahme der Gruppe, die der weitreichenden Korruption gerade im beninischen Rechtssystem die Schuld an der Existenz der Bürgerwehr gibt.

Ob sich die Beniner allerdings hinter die Menschenrechtler stellen, ist fraglich . . . Zudem geben Polizei und Verwaltung, wenn auch nur hinter vorgehaltener Hand, zu, daß sie nicht in der Lage sind, den Kriminalitätsaufschwung im Lande zu stoppen . . .«

Benin ist keines der Länder, in denen der Staat schon zerbrochen ist. Da gibt es noch eine Justiz, eine Verwaltung, eine Polizei, Gefängnisse. Aber Gangsterbanden hausen und wü-

ten im Südwesten des Landes. Von einem staatlichen Gewaltmonopol kann nicht mehr die Rede sein. Das Rechtssystem
ist korrupt. Wenn ein redegewandter Bauer vom Lande dies
anprangert, stimmen viele ihm zu. Wenn er »Gerechtigkeit,
und zwar sofort!« haben will, mag niemand ihm widerspre-
chen. Dann nimmt er die Gerechtigkeit in die eigene Hand –
und schafft noch mehr Unrecht. Er zerstört, was er eigentlich
sucht: einen Staat mit Autorität. Weil er gegen das Chaos angehen will, vermehrt er es.

Aber das Beispiel aus Benin zeigt auch, daß die Gewalt von
unten meist eine Antwort ist auf ein Versagen der Staatsgewalt, einer Gewalt, die legal und sogar legitim sein sollte, es
jedoch längst nicht mehr ist, es vielleicht nie war. Weil Korruption die Staatsmacht mindestens teilweise schon privatisiert hat, setzt sie die Privatisierung der Gewalt von unten in
Gang.

V. Ein geradezu klassisches Beispiel für eine Privatisierung
der Gewalt von unten als Antwort auf den Zerfall einer
Staatsautorität berichtet Johannes Harnischfeger in den Aus-
landsinformationen der Konrad-Adenauer-Stiftung (Nr. 12/
2001, S. 13 ff.). Es handelt sich um die »Bakassi-Boys« in Nigeria, dem bei weitem volkreichsten Land Afrikas, das
zu den Gebieten fortgeschrittenen Staatsverfalls gerechnet
wird. Kürzlich war Nigeria noch als Kandidat für den UN-
Sicherheitsrat im Gespräch. Hier lohnt sich ein ausführliches
Zitat.

»Die Bakassi-Boys z. B. entstanden in einer großen Han-
delsstadt, die besonders von Kriminalität betroffen war: in
Aba, einer der Metropolen im Südosten Nigerias. Die Bürger
leben hier vor allem von dem riesigen Markt, einem der größ-
ten in Westafrika; doch eben diese Quelle ihres Wohlstands
war bedroht, weil die Händler den jahrelangen Terror von
Verbrecherbanden nicht abschütteln konnten. Gleich am
Rand des Marktes, entlang der Ngwa Road, lebte eine ganze

Kolonie von Kriminellen. Sie zogen regelmäßig durch die Gassen des Marktes und trieben von jedem der Stände oder Geschäfte Schutzgelder ein. Händler, die sich weigerten zu zahlen, mußten mit ansehen, wie ihre Waren konfisziert wurden, während die Polizei einfach zur Seite schaute.

Für die Opfer wäre es zwecklos gewesen, sich an die Polizei zu wenden. Die Beamten mochten sich nicht in gewalttätige Auseinandersetzungen einmischen, und sie hatten guten Grund für diese Zurückhaltung: Ein einfacher Verkehrspolizist verdiente unter der Militärdiktatur nicht mehr als umgerechnet 15 DM pro Monat. Und für den Fall, daß er im Dienst sein Leben verlor, stand den Hinterbliebenen eine einmalige Abfindung von 20 DM zu…

Der Anlass, sich zur Wehr zu setzen, bot sich irgendwann 1998, als eine Händlerin, die 200 000 Naira in bar mit sich führte, auf besonders brutale Weise ausgeraubt und ermordet wurde. Hunderte von Händlern griffen zu den erstbesten Waffen, drangen in die Wohnungen der Kriminellen ein, zerrten alle, die sie fassen konnten, ins Freie und hackten sie mit Macheten in Stücke. Der ›Krieg‹ gegen die Banden dauerte wochenlang, doch die Miliz der Händler ließ in ihren Anstrengungen nicht nach, bis sich ihre Gegner aus Aba zurückzogen…

Um ihre Kontrolle über Aba und die benachbarten Städte abzusichern, rekrutierten die Händler mehr als 500 meist arbeitslose junge Männer und ließen sie zu einer professionellen Schutztruppe ausbilden. Die Gehälter der ›Bakassi-Boys‹ werden bis heute durch Spenden und monatliche Beiträge der Händler finanziert; ein wenig materielle Unterstützung kommt außerdem von Gouverneur Orji Kalu… Daß die Polizei es schließlich doch hinnahm, durch eine konkurrierende Organisation beiseite gedrängt zu werden, dürfte viele Gründe haben. Sicher gehört dazu, was über die Verhandlungen zwischen den Bakassi-Führern und dem Polizeichef von Abia State bekannt wurde: Die Miliz präsentierte eine Liste mit den Namen von Polizisten, die direkt mit bewaffneten Räubern zusammenarbeiten. Die Namen wurden nie veröffentlicht, doch die Miliz, die das Geheimnis hütet, darf seitdem überall in Abia State ungehindert operieren.

Nachdem es den Bakassi-Boys gelungen war, innerhalb weniger Wochen ganz Abia State von Kriminellen zu ›säubern‹, sprachen sich auch die Bürger anderer Bundesstaaten dafür aus, sich unter den Schutz der Miliz zu stellen. Im benachbarten Anambra State, der – so wie Abia – fast nur von Igbo besiedelt ist, erklärte sich die Regierung schließlich auch bereit, die Bakassi-Truppen offiziell mit der Verbrechensbekämpfung zu betrauen. Wiederum war die Initiative von Händlern ausgegangen … Bis zur Ankunft der Bakassi-Boys fühlten sich die Bürger im Belagerungszustand. Räuber zogen mit ihren Waffen ganz offen durch die Straßen, so als seien sie die Herren der Stadt. Und sie hatten in der Tat wenig zu befürchten: ›In most cases (police) would run away, whenever and wherever they sighted them.‹

Es gab niemanden, der sich zu Hilfe rufen ließ, wenn die Menschen mit vorgehaltener Waffe bedroht wurden. Die Kriminellen bewegten sich mit einer solchen Selbstsicherheit durch ihre Stadtviertel, daß sie den Bewohnern zuweilen ankündigten, an welchem Tag ihre Wohnungen ausgeraubt würden. Zum festgesetzten Termin drangen die Täter dann tatsächlich in die betreffenden Häuser ein, gleichgültig, ob die Bewohner geflüchtet waren oder nicht. Nur in den Kirchen – so heißt es – konnte man dem Terror entkommen.

Die Bakassi-Boys haben durchgegriffen. Sie haben dafür gesorgt, daß man in der Stadt ruhig schlafen und vor allem ohne Angst Handel treiben kann. Ihr lokales Hauptquartier befindet sich gleich neben dem ›White House‹, dem Verwaltungsgebäude der Händlervereinigung OMATA (Onitsha Markets Amalgamated Traders Association). Von hier ausgehend hatte die Miliz Straße für Straße nach Verbrechern durchkämmt, wobei gleich in den ersten Wochen ihres Einsatzes, im Juli 2000, mehr als 200 mutmaßliche Räuber ums Leben kamen.

Die souveräne Macht, die man damals allen Bürgern vor Augen führte, wird weiterhin durch öffentliche Exekutionen zelebriert. Um immer neue Kriminelle auf den Richtplatz zu führen, werden die Opfer auch aus anderen Ortschaften herbeigeschafft. Zunächst bleiben sie allerdings tagelang im Bakassi-Zentrum interniert, wo eine Untersuchungskommission sie ins Verhör nimmt. Erst wenn ihre Schuld feststeht, führt man Männer wie Frauen gefesselt und halbnackt auf die Straße und von dort zu irgendeiner weitläufigen Straßenkreuzung, die genügend Platz für Hunderte von Zuschauern bietet. Auf dem Weg dahin treibt man die Verurteilten durch Schläge vor sich her, so daß den Opfern keine Zeit bleibt, sich an die Umstehenden zu wenden, um ihr Schicksal zu beklagen oder an das Mitgefühl der Zuschauer zu appellieren. Auch die Bakassi-Boys geben keine Erklärungen ab. Weder verkünden sie ein Urteil, noch unternehmen sie den Versuch, ihr Tun zu rechtfertigen. Am Richtplatz angekommen, werfen sie die Gefesselten einfach zu Boden und hacken mit ihren stumpfen Macheten minutenlang auf sie ein. Ein stummes Gemetzel, denn die Opfer schreien nicht, obwohl einige noch leben und sich auf dem Boden winden, wenn die Bakassi-Boys Autoreifen über sie werfen und etwas Benzin dazuschütten.«

Am Beispiel der Bakassi-Boys läßt sich genau verfolgen, wie der Staatsverfall (Korruption, Passivität einer miserabel besoldeten und demotivierten Polizei) die Privatisierung der Gewalt geradezu unausweichlich macht, wie aber auch die privatisierte Gewalt dann den Staatsverfall weiter vorantreibt. An den Bakassi-Boys kann man aber auch zeigen, wie rasch privatisierte Gewalt in gesetzloser Barbarei endet, und wie diese Barbarei eben auch Terror ist. Am Ende steht das, was Franzosen die ›entité chaotique ingouvernable‹ nennen. Ihr Kennzeichen ist die vollständige Privatisierung der Gewalt und das Verschwinden des Staates.

VI. Im Juni 2000, als die Abu Sayyaf zwanzig Geiseln genommen hatte, erschien in »*Le Monde Diplomatique*« ein ausführlicher Bericht über etwas, was der durchschnittlich informierte Mitteleuropäer für eine Erscheinung ferner Vergangenheit gehalten hatte: die Piraterie auf den Weltmeeren. Piraterie, das gab es im Mittelmeer vor Augustus, dann im 16. Jahrhundert, aber heute?

Da hat ein Büro für internationale Seefahrt für das Jahr 1994 immerhin 192 Akte der Piraterie gezählt. 1999 waren es schon 285. Eine private Agentur für Sicherheit zur See ergänzt, nur etwa die Hälfte der Piratenüberfälle würden je offiziell bekannt. Also seien die bekannt gewordenen Piratenakte nur »la pointe émergée de l'iceberg«. Was verbirgt sich hinter solchen Zahlen? In den achtziger Jahren waren es vor allem Fischdampfer, Vergnügungsdampfer und die Boote von Flüchtlingen, die von Piraten ausgeraubt, seltener auch aufgebracht wurden. Seit dem Ende des Kalten Krieges, seit die Supermächte ihre Flotten reduziert und zurückgezogen haben, werden vor allem Handelsschiffe zur Beute der Seeräuber. 1997, so berichtet eine andere Organisation, hätten sich acht von zehn Überfällen gegen Öltanker, Frachtschiffe oder Containerschiffe gerichtet.

Piraten brauchen Anlaufhäfen, wenn sie ihr Raubgut, notfalls aufgebrachte Schiffe, an Hehler verscherbeln wollen. Diese Häfen gibt es vor allem in Südostasien, erstaunlicherweise auch in der Volksrepublik China. Für geringere Beute reicht die Bestechung der Behörden eines kleinen Hafens. Müssen aber ein ganzer Tanker entleert oder Dutzende von Containern abtransportiert werden, dann ist dafür die Infrastruktur großer Häfen nötig. Auch sie steht zur Verfügung. Seltsamerweise ist es gar nicht schwierig, ein gekapertes Schiff an Hehler abzusetzen, die es dann unter anderem Namen wieder in Dienst stellen oder verkaufen. So verschwand am 27. September 1997 der japanische Frachter Tenyu in der Straße von Malakka. Er wollte von Sumatra nach Südkorea und hatte Aluminiumbarren im Wert von 2 Millionen Euro geladen. Nach drei Monaten der Suche wurde das Schiff in einem chinesischen Hafen gefunden, frisch bemalt und unter dem neuen Namen Sanei I, bemannt von 16 indonesischen Matrosen, die das japanische Team ersetzt hatten. Die Schiffspapiere waren in Honduras ausgestellt, und das Schiff transportierte jetzt Palmenöl. Auch Piraten wissen, was sie der Globalisierung schuldig sind.

Piraten arbeiten nicht nur mit chinesischen Hafenbeamten zusammen, es sind auch Fälle bekannt geworden, in denen Schiffe der chinesischen Kriegsmarine sich als Seeräuber betätigt haben, etwa im Fall der »Alicia Star«, eines Schiffes unter panamesischer Flagge, das Zigaretten geladen hatte und in der Straße von Luzón aufgebracht wurde. Matrosen der Kriegsmarine, die sich der Kontrolle der Zentrale entzogen hätten, so berichtet die französische Zeitung, hätten das Schiff gekapert und die Ladung dann »avec la bénédiction des autorités portuaires et douanières« auf dem Festland abgesetzt.

Kein Wunder, daß alle, die Piraterie bekämpfen wollen, sich erst einmal für die Hafenbehörden interessieren. Solange die Kontrolleure in den Häfen von der privatisierten Gewalt zur See profitieren, dürfte die Piraterie eine der erfolgreichsten Wachstumsbranchen bleiben.

Sicher, Seeräuberei kommt zuerst einmal »von unten«, von gewalttätigen Kriminellen, die sich organisieren, weil sie sich bereichern wollen. Aber was sie mit Waffengewalt erbeuten, nützt ihnen nur, wenn sie »von oben«, von Staatsdienern, geduldet und gefördert werden, wenn also die Staatsautorität zerfällt.

Kapitel 3
Die Privatisierung der Gewalt von oben

I. Nicht weniger wichtig und dramatisch ist daher die Privatisierung der Gewalt, die von oben, von Regierungen, Armeen und der besitzenden Oberschicht ausgeht. Sie geschieht vor allem über »Paramilitärs«. Paramilitärische Verbände, meist gut besoldet, erledigen die Drecksarbeit, für die Justiz und Armee sich zu schade sind, oder sie räumen auf im Interesse einer Oberschicht. Meist verbinden verborgene Fäden Armee und Paramilitärs. Man kann sie brauchen, aber man will Distanz halten. Man läßt sie gewähren, unterstützt sie heimlich, doch behält man sich vor, die angerichteten Massaker zu bedauern und zu verurteilen. Das war zum Beispiel so in Ost-Timor, wo die indonesischen Paramilitärs mit Unterstützung einer Armee wüteten, die damit nichts zu tun haben wollte.

Die Paramilitärs in Kolumbien entstanden schon 1964 als rücksichtslose Schutztruppe gegen die Rebellen, finanziert von Großgrundbesitzern, die Anlaß hatten, sich vor den Aufständischen zu fürchten. Berüchtigt durch ihre Brutalität, verstrickten auch die Paramilitärs sich in allerhand dunkle Geschäfte. Bei ihnen, wie bei den Rebellen, traten politische Ziele immer mehr zurück hinter kommerzielle Interessen.

So wurden sie, wie es in einem Bericht der Ebert-Stiftung vom März 2001 heißt, »Teile einer anomischen Gewalt-Gemengelage, in der eine Vielzahl von sich gegenseitig verstärkenden Gewaltakteuren (organisierte und nicht organisierte Kriminalität, Drogenhändler, Milizen) zusammen mit denen des bewaffneten Konflikts agieren«. Die Paramilitärs haben nicht Recht und Ordnung gegen die Rebellen verteidigt, sie haben mitgeholfen, einen Gewaltmarkt zu konstituieren, wo jede Form von Gewalt, auch der Mord, zur käuflichen Ware wurde. Schon vor einiger Zeit wurde klar, daß die Paramilitärs, die sich daran gewöhnt hatten, von der Gewalt zu leben, ein Hindernis für jeden Friedensschluß zwischen Regierung und Rebellen werden könnten. Sie waren an Frieden schlicht nicht interessiert. Zu Beginn des Jahres 2000 mußte sich die kolumbianische Regierung entschließen, gegen die Paramilitärs und ihre Helfer in der Armee vorzugehen. Plötzlich sprach die Regierung von Berichten über 39 Massaker mit 271 Opfern, verübt von Paramilitärs. Auch dies ist typisch für das Verhältnis zwischen Regierungen und Armeen auf der einen, Paramilitärs auf der anderen Seite. Irgendwann kommt es zum Bruch, sei es, daß die Paramilitärs sich nicht mehr gängeln lassen wollen, sei es, daß ihre Brutalität jeden diskreditiert, der ihnen nicht offen entgegentritt. Die Privatisierung der Gewalt von oben ist also selbst für die nicht ungefährlich, die sich dieser Methode bedienen.

II. Das könnte auch Slobodan Milošević erfahren, wenn die Richter in Haag ihn mit den Verbrechen belasten, die ein gewisser Željko Ražnjatović beging, der als »Arkan« in Bosnien und im Kosovo mit seinen »Tigern« wütete. 1952 als Sohn eines jugoslawischen Obristen aus Montenegro geboren, fiel er schon vor der Volljährigkeit durch Diebestouren durch Jugoslawien auf. Allein im Jahr 1974, als er 22 Jahre alt war, verübte er fünf bewaffnete Raubüberfälle, 20 Einbrüche und eine unbekannte Zahl von Autodiebstählen. Auch in Belgien und Schweden suchte ihn die Polizei. Er wurde mehrfach festgesetzt, aber immer wieder gelang ihm die Flucht. Durch die spektakuläre Befreiung des italienischen Berufsverbrechers Carlo Fabbiani 1979 aus einem schwedischen Gerichtssaal wurde Ražnjatović berühmt.

Als Besitzer einer Kette von Eisdielen, von denen aus Schmuggelgeschäfte in großem Stil abgewickelt wurden, kam er zu einem Vermögen. Er nahm Kontakt zum jugoslawischen Geheimdienst auf und wurde 1990 Vorsitzender im Fan-Club des Belgrader Fußballvereins »Obilić«. Seine Hooligans, die harmlosere Fußballfans das Fürchten lehrten, wurden dann der Kern seiner Privatarmee, mit der er im April 1992 die Stadt Bijeljina auf seine Weise von Moslems säuberte. Von da an war er Teil der serbischen Milizen, wurde von Politikern mit Bruderkuß empfangen. Der kanadische Schriftsteller Michael Ignatieff sah in Arkan die Wiedergeburt des Kriegshäuptlings. Solche Häuptlinge wirkten mit ihren Faxgeräten und Mobiltelefonen höchst modern, aber diese Kombination aus Raubritter, Gangster und Geschäftsmann mit wachem Sinn für Massenmedien erinnerte an die Zeit vor der Durchsetzung des staatlichen Gewaltmonopols, also an das späte Mittelalter oder den Dreißigjährigen Krieg. Der schwedische Journalist Per Svensson nennt Arkan einen »natural born killer«, einen »amoralischen Cherubin«. Er lacht und mordet, beides mit gleichermaßen leerer Seele, ein Star ohne Skrupel in einer Zeit, in der sich die Prominenz, das schnelle Geld und die Rücksichtslosigkeit selbst begründen« (*Frankfurter Allgemeine Zeitung* Nr. 18/2000, S. 44).

Dieser Killer landete eben nicht vor dem Haager Tribunal, er wurde von seinesgleichen umgebracht im Hotel Intercontinental in Belgrad. Bei der Trauerfeier für den Patrioten fehlte kaum jemand aus der Prominenz des Milošević-Regimes.

Der Fall Arkan wirft übrigens nicht nur strafrechtliche Fragen auf, die im Haag zu klären wären, sondern auch völkerrechtliche. Das Gewaltmonopol eines Staates ist seine Souveränität nach innen. Wo sie von den Regierenden selbst aufgegeben, die Ausübung von Gewalt an Verbrecher delegiert wird, muß da die Souveränität nach außen noch respektiert werden? Bedeutet das Ende des Gewaltmonopols nicht auch das Ende des souveränen Nationalstaates? Da die Kritiker der NATO-Bombardements die Souveränität Serbiens (oder Jugoslawiens) völkerrechtswidrig verletzt sahen, ist dies keine rein theoretische Frage. Wir werden noch andere Beispiele erleben, wo staatliche Souveränität reklamiert wird, obwohl es gar keinen Staat mehr gibt.

III. Von den Paramilitärs vom Schlage der »Tiger« ist es nur noch ein kleiner Schritt zu den Todesschwadronen, die vor allem in Lateinamerika alle aus dem Wege räumen, die ihren Geldgebern unbequem sind. Das müssen nicht immer aufsässige Gewerkschafter oder linke Journalisten sein, inzwischen können auch Straßenkinder die Opfer dieser besoldeten Killer werden. Todesschwadronen sind gewissermaßen die organisierte Kriminalität von oben. Sie unterscheidet sich von der anderen, von unten organisierten Kriminalität dadurch, daß diese Killer nicht in dem Bewußtsein handeln, Gesetze zu brechen. Sie töten um einer Gesellschaftsordnung willen, die von den staatlichen Instanzen nicht ausreichend geschützt wird, die älter und wichtiger ist als Gesetze und die weder ungehorsame Landarbeiter noch streunende Straßenkinder dulden kann. Wahrscheinlich ist ein schlechtes Gewissen bei Schwerkriminellen allemal selten. Aber die mordenden Hüter einer hergebrachten Ordnung zeichnen sich durch ein unanfechtbar, unverwundbar gutes Gewissen aus.

Wenn wir von »privatisierter Gewalt« sprechen, so sind die Killer im Auftrag einer Obrigkeit oder einer Oberschicht noch bessere Beispiele als die organisierte Kriminalität von unten. Die Kriminellen setzen das Recht des Stärkeren, Gewitzteren, Schlaueren, Brutaleren gegen Recht und Gesetz der staatlichen Gemeinschaft. Todesschwadronen tun, was nach ihrer Meinung die Organe des Staates leisten müßten. Sie handeln und morden anstelle der Staatsorgane, sie nehmen in ihre (privaten) Hände, was allenfalls Staatsorgane aufgrund von Gesetzen ausführen dürften. Wo keine Todesstrafe besteht, tun sie etwas, was die staatlichen Gesetze aus guten Gründen – leider, meinen sie – nicht mehr vorsehen.

IV. Wo Staaten auch nur teilweise auf ihr Gewaltmonopol verzichten, selbst geringe Anteile an privatisierter Gewalt dulden oder fördern, können sie unfähig zum Frieden werden, einfach weil niemand mehr da ist, der für alle Staatsbürger Frieden schließen kann.

Vielleicht rührt daher die Friedensunfähigkeit der Kontrahenten im Nahen Osten. Auch dieser Konflikt ist asymmetrisch. Auf der einen Seite ein moderner Staat mit einer perfekt organisierten und ausgerüsteten Armee, auf der anderen Seite Jugendliche, die Steine werfen und Selbstmordattentäter aus »Befreiungsbewegungen«, die, indem sie sich selbst zerfetzen, möglichst viele Feinde mit in den Tod reißen wollen. Jassir Arafat hat über die Intifada oder über Hamas nie die eindeutige Befehlsgewalt gehabt, die ein israelischer Ministerpräsident über seine Armee besitzt. Wenn Arafat ein Ende der Attentate verlangt, wird in den angesprochenen Organisationen erst einmal beraten, ob man einer solchen Forderung nachkommen will. Manchmal will man, des öfteren auch nicht. Und was die jungen Steinewerfer tun oder lassen, hängt mehr von ihrer Stimmung, ihrer Wut, ihrem Haß ab als von den Worten Arafats. Kurz: Auf der palästinensischen Seite haben wir es überwiegend mit ent-staatlichter, privatisierter Gewalt zu tun. Schließlich gibt es da noch keinen Staat.

Privatisierte Gewalt ist aber auch auf der israelischen Seite im Spiel. Die Siedler im Westjordanland sind bewaffnet. Israelische Regierungen hatten dagegen wenig einzuwenden. Aber diese Waffen können auch auf israelische Soldaten gerichtet werden, dann nämlich, wenn eine israelische Regierung einige oder gar alle Siedlungen auf dem Altar eines dauerhaften Friedens opfern wollte. Dann könnte sich die Privatisierung – die in diesem Fall wohl eine von unten und von oben ist – rächen.

Solange aber niemand an die Siedlungen zu rühren wagt, könnte Arafat jeden beliebigen Frieden unterzeichnen, es würde weiter gemordet. Letztlich entscheiden die Repräsentanten privatisierter Gewalt, ob es zum Frieden kommt. Und sie haben daran meist wenig Interesse. Wer also Frieden im Nahen Osten will, muß sich erst einmal um staatliche Gewaltmonopole auf beiden Seiten kümmern. Sonst hat niemand die Macht und die Autorität, Frieden durchzusetzen. Wer Frieden will, muß wollen, daß auch auf der Gegenseite jemand ist, der Frieden schließen kann. Wer, wie Ariel Sharon, die Autorität seines Kontrahenten durch Worte, Bomben und Raketen ruiniert, muß sich fragen lassen, mit wem er denn Frieden schließen will – und ob er es will.

Was im Nahen Osten die Menschen ängstigt und erschreckt, ist nicht, wie 1967 und 1973, der Krieg zwischen hochgerüsteten Armeen. Die Palästinenser haben keine Armee, und die arabischen Staaten lassen sich auf traditionelle Kriege wohlweislich nicht mehr ein. Was die Palästinenser an privatisierter Gewalt aufzubieten haben, bleibt weit unter der Schwelle des Krieges. Aber eben weil die Gewalt nicht mehr staatlicher Ordnung unterliegt, wird Friede unmöglich. Schon hier zeigt sich: Privatisierte Gewalt entzieht sich der Unterscheidung zwischen Krieg und Frieden. Wo sie sich austobt, ist kein Friede. Aber auch kein Krieg. Weil dem so ist, hat auch die militärische Überlegenheit nicht das letzte Wort. Sharon, der General des 20. Jahrhunderts, irrt sich, wenn er meint, früher oder später müßten sich die Palästinenser der haushoch überlegenen Militärmacht Israels beugen und unterwerfen. Es ist eine Sache, einen herkömmlichen Krieg zu gewinnen, eine andere, mit privatisierter Gewalt fertig zu werden.

V. Privatisierung der Gewalt von oben beginnt häufig damit, daß Staatsdiener ihre Macht mißbrauchen. Niemand kann in afrikanischen oder asiatischen Staaten ein preußisches Staatsethos erwarten. Schließlich haben die Kolonialherren in den frühen sechziger Jahren den Eliten, die sie selbst herangezogen hatten, einen unzulänglichen und höchst zerbrechlichen

Staatsapparat übergeben. Posten in Verwaltung und Politik wurden meist als Pfründe verliehen, verstanden und genutzt. Meist wollte eine Klientel davon profitieren. Wo aber keinerlei Verpflichtung auf das Gemeinwohl erkennbar und auch gar nicht erwartet wird, kann Staatsautorität kaum entstehen. Sie wird entweder durch diktatorische Gewalt kompensiert, die wiederum gesetzlose Gegengewalt erzeugt, oder sie verfällt langsam und schleichend.

Georg Elwert, der die Entstehung von Gewaltmärkten in Afrika beobachtet und analysiert hat, resümiert im Oktober 2001:

»Untersuchungen zu Bürgerkriegen in Afrika haben gezeigt, daß am Anfang der bewaffneten Konflikte ausnahmslos eine Verletzung des legitimen Gewaltmonopols durch Staatsdiener stand. Das heißt, Staatsdiener haben ihre Gewalt auf eine Weise eingesetzt, die nicht von den Gesetzen gedeckt wurde. Dies schuf ein Rollenmodell und provozierte zugleich bewaffnete Selbsthilfe. Als Alternative zu bewaffneter Selbsthilfe besteht auch die Möglichkeit, Gewaltspezialisten (Räuber, Schutzgelderpresser oder Befreiungsbewegungen aus anderen Gegenden) zu Hilfe zu rufen. An Staaten, die willkürliche Gewalt ihrer Beamten tolerieren, fehlt es nicht.«

Wo der Staat als Beute genommen und als Pfründe genutzt wird, wo Legitimität gar nicht entstehen kann, ist der Unterschied zwischen staatlicher und privatisierter Gewalt gering. Kriminelle Staatsgewalt provoziert privatisierte Gegengewalt, die meist rasch ebenso kriminell wird. Das kann so weit gehen, daß, wie in Liberia, Kriminelle sich des Staates bemächtigen. Dann fehlt es nicht an guten Gründen für eine Gegengewalt, auch wenn diese selbst wiederum kriminell wird.

Peter Lock beschreibt denselben Vorgang so: »In gewaltoffene Räume, aus denen sich der Staat bewußt oder gezwungenermaßen zurückzieht, können neben kriminellen Organisationen auch private Sicherheitsakteure eindringen – wobei die Grenzen zwischen beiden Gruppen mitunter fließend sein können.« (Peter Lock, *Sicherheit à la carte?* In: Tanja Brühl, Tobias Debiel, Brigitte Hamm, Hartwig Hummel, Jens Martens (Hg.), *Privatisierung der Weltpolitik*, Bonn 2001)

Wo, vor allem in schwachen, »weichen« Staaten, der Mißbrauch staatlicher Gewalt privatisierte Gegengewalt provoziert, wo der Gewaltmarkt schließlich Gewalt mit unterschiedlicher Herkunft, aber ähnlichen Methoden im Angebot hat, wird die Unterscheidung zwischen Privatisierung von unten und von oben unmöglich. Alles ist gleichzeitig Ursache und Folge. Banden wie die Bakassi-Boys sind zuerst einmal Folge, dann aber auch Ursache und immer Ausdruck des Staatsverfalls.

Kapitel 4
Staaten am Ende

I. Am 18. Mai 2000 veröffentlichte die *Zeit* eine Landkarte Afrikas, auf der die Staaten südlich der Sahara in vier Kategorien eingeteilt waren: Die erste waren die »funktionsfähigen Staaten«. Die meisten davon liegen im Südzipfel des Kontinents: Südafrika, Botswana, Namibia. Daß auch Zimbabwe darunter ist, zeigt, daß der Maßstab nicht allzu streng gewählt ist. Denn in Zimbabwe hat sich Präsident Mugabe jener Methode der Gewaltprivatisierung von oben bedient, die wir aus Ost-Timor oder Serbien kennen: Seine (meist erstaunlich jungen) »Kriegsveteranen« haben die Gewalt angewandt, für die Polizei und Armee nicht zu haben waren. Neben Ghana und Gabun werden auf dieser Karte auch Benin und die Elfenbeinküste unter die »funktionsfähigen Staaten« gezählt. Was in Benin an Selbstjustiz möglich ist, haben wir bereits gesehen, und auch die Elfenbeinküste, für viele ein Musterland, solange der greise Präsident Houphuet-Boigny sein strenges Regiment übte, ist inzwischen reichlich labil geworden.

Wegen ihrer roten Farbe fällt eine andere Kategorie ins Auge: »offener bzw. vollzogener Staatsverfall«. Der rote Block geht quer durch Afrika und reicht von der Nordgrenze Namibias bis zur Südgrenze Ägyptens, darunter Angola, die beiden Kongorepubliken, der Tschad und der Sudan, dazu im Osten Somalia und im Westen Sierra Leone, Liberia und Guinea Bissao. Fast der ganze Rest Schwarzafrikas wird zur Kategorie »fortgeschrittener Staatsverfall« gerechnet, nur den Ländern Kamerun, Senegal und Kenia wird lediglich »beginnender Staatsverfall« attestiert.

Was die rote Farbe bedeutet, erläutert Bartholomäus Grill:

»In Somalia, Sudan, Burundi, Angola, Liberia, Sierra Leone, der Zentralafrikanischen Republik oder den beiden Kongos gibt es keine Staatsgewalt mehr, kein Recht und Gesetz, kein Steuerwesen, kein Bildungs- und Gesundheitssystem, keine Infrastruktur. Die Grundversorgung der Bevölkerung ist seit Jahren nicht mehr gesichert.

Im Herzen des Kontinents sind ganze Landstriche in die Unentdecktheit zurückgesunken; sie treiben ziellos dahin wie Grasinseln auf Urwaldflüssen.«

Grill verweist auf die Tatsache, daß die »entités chaotiques ingouvernables« gleichzeitig auch »terrae incognitae« sind, unbekannte Landstriche, in die sich kein Fernsehteam mehr wagt, wenn ihm das Leben lieb ist. Was uns aber nicht mehr über die Medien vermittelt wird, existiert nicht. Eine Million Tote im Kongo berühren uns viel weniger als 3000 Ermordete in New York, einfach weil wir das eine live vor dem Fernsehschirm beobachten können – oder müssen –, während wir vom anderen allenfalls dann erfahren, wenn wir uns ernsthaft um Information bemühen. Eine solche Information kann dann so lauten:

»Die Paraphe des kongolesischen Außenministers Abdoulaye Yerodia unter dem Abkommen mit der Uno, demnächst UN-Friedensbeobachter in den umkämpften Osten des Landes zu lassen, ist vollkommen bedeutungslos, denn seine Regierung kontrolliert dieses Territorium nicht mehr. Dort herrscht nur eine Macht: das Chaos. Es wurde entfesselt durch Armeeverbände aus sieben Staaten, drei kongolesische Widerstandsfraktionen, Rebellentrupps aus den Nachbarländern, die versprengte Soldateska des ehemaligen Hutu-Regimes in Ruanda, diverse Stammesmilizen und Warlords, die auf den Ruinen von Zaire ihre Kriegsfürstentümer gebaut haben. Nach groben Schätzungen tummeln sich 200000 Bewaffnete im Kongo und seinen Grenzregionen, in einem Urwaldmeer von der Ausdehnung Westeuropas. Feldstecher

seien hier nutzlos, befand ein Logistiker der Uno, der das Ge-
lände vorsondiert hatte. Es gibt keine Transportmittel, die
Verbindungen zur Außenwelt sind regelmäßig unterbrochen,
die Straßen enden im Nichts.« (B. Grill in der *Zeit* vom
18. Mai 2000)

Uns bleibt nur, eine solche Information zu kommentieren.
Zum einen: Befahrbare Straßen sind im Kongo schon deshalb
Rarität, weil der Diktator Mobutu – mit westlicher, beson-
ders amerikanischer Rückendeckung – sein Land wie sein
Privatvermögen ausgebeutet und ausgepreßt hat, ohne für die
Infrastruktur zu sorgen. Zwischen seiner Handlungsweise
und den Methoden der Warlords ist der Unterschied mini-
mal. Und er berief sich übrigens auf den belgischen König.
Auch für ihn wurde der Kongo Privateigentum. Zum andern:
Das Chaos ist ansteckend. Die Soldaten, die aus Nachbarländern entsandt wurden, damit sie die Ordnung wiederherstellen, haben sich nach einigen Monaten nicht weniger rück-
sichtslos verhalten als die Söldner jener Warlords, deren
offene Willkür an die Stelle der verhüllten Willkür des zerfal-
lenen Staates tritt.

Noch etwas zeigt dieser kurze Text: Die Charta der Vereinten Nationen, die einst gebildet wurde durch eine Verein-
barung souveräner Staaten, sieht offenbar das klägliche Verenden von Staaten gar nicht vor. Die UN müssen so tun, als
gäbe es noch den Staat, der Kongo, dann Zaire und dann wieder Kongo hieß. Wäre in der Satzung der UN eine Prozedur
vorgesehen, an deren Ende die förmliche Feststellung
stünde, daß ein Staat, der bislang Stimmrecht hatte, nicht
mehr existiert, wir könnten uns an der Wirklichkeit des Staa-
tenverfalls nicht so einfach vorbeidrücken, wie wir dies
heute tun.

II. Die Kriegsherren Afrikas und Asiens sind, ähnlich wie
die am Ende des Dreißigjährigen Krieges, Unternehmer und
Kommandeure in einem. Deshalb treten sie, wie Stefan Mair

(in *Der Überblick* 2/2001, S. 86) anmerkt, vor allem dann auf, »wenn die staatsfreien Räume wertvolle und leicht ausbeutbare Ressourcen bergen: Diamanten, Gold, Bauholz, neuerdings auch Koltan (eine Zusammenziehung aus Kolumbit und Tantalit, zwei Mineralien, die meist in Mischform auftreten; Tantalit hat hochleitende Eigenschaften, die es zum begehrten Rohstoff bei der Herstellung von Mobiltelefonen und Hochtechnologie-Waffen machen)«.

Die Gewalt der Warlords muß sich rentieren. Die neuen Kriegsherren sind, wie Herfried Münkler formuliert, »Gewaltunternehmer« (*Süddeutsche Zeitung* Nr. 225/2001), und zwar in einem doppelten Sinn: Sie betreiben unter dem Schutz ihrer Söldner Geschäfte mit Drogen, Waffen, Giftmüll, Blutkonserven, Organen. Manchmal treiben sie auch Menschenhandel. Darüber hinaus muß sich die Gewalt selbst bezahlt machen: durch die Erpressung von Schutzgeldern, durch Raub und Plünderung. Wo aber Gewalt zum lukrativen Geschäft wird, schwindet das Interesse am Frieden – und an einem Staat. Die Warlords wollen keinen Staat. Daher ist es unendlich viel leichter, einen Staat vor die Hunde gehen zu lassen und seine Menschen den Warlords auszuliefern, als aus dem Chaos wieder einen Staat entstehen zu lassen.

Wo einmal das vorstaatliche – oder nachstaatliche – Recht des Stärkeren gilt, ist es unendlich schwierig, eine Rechtsordnung aufzurichten, sei es von innen oder von außen. Daher lassen die Industriestaaten, die NATO, auch die UNO, häufig die Finger davon. Wenn es im kleinen, hochzivilisierten Nordirland einfach nicht gelingen will, die privatisierte Gewalt in eine Rechtsordnung zurückzuholen, wer will dies im riesigen Kongo schaffen?

Wenn also die NATO dem Morden im Kongo oder in Liberia nicht Einhalt gebietet, dann hat dies zwar einleuchtende Gründe: Einmal wäre jede Intervention in dieses Chaos hinein ein hoffnungsloses Unterfangen, zum andern wäre sie viel zu gefährlich. Für alle, die militärische Interventionen gern als unmoralisch ablehnen, sei aber hinzugefügt: Die Nicht-Intervention in den »entités chaotiques ingouvernables« ist moralisch mindestens so fragwürdig. Es gibt nicht nur machtpolitisch motivierte Interventionen, sondern auch machtpolitisch begründete, ja sogar zynische Nicht-Interventionen. Mögen diese Schwarzen sich gegenseitig umbringen, was geht es uns an?

III. Da der Zerfall von Staaten häufig ein auf lange Zeit irreversibler Vorgang ist, lohnt es sich, noch etwas gründlicher über seine Ursachen nachzudenken. Eine haben wir schon beschrieben: den Mißbrauch staatlicher Macht.

Gehört nicht auch Armut zu diesen Ursachen? Wer vor dreißig Jahren mit Entwicklungshilfe versuchte, Armut zu mindern und zu mildern, nahm den Staat als etwas Selbstverständliches hin. Staaten gab es überall, in Lateinamerika waren sie älter als in Afrika, in Asien waren einige sehr alt. Da gab es verhockte, aufgeblähte Bürokratien, die Projekte verzögerten, Minister, die für ihren Wahlkreis ein teures und sinnloses Projekt haben wollten, Staatspräsidenten, die vom Größenwahn geplagt waren, Offiziere – und manchmal sogar Unteroffiziere –, die putschten, und natürlich war da die Korruption, allgegenwärtig und unausrottbar wie im Rußland des 17. Jahrhunderts. Waren dies nicht alles Kinderkrankheiten des Staates, die auch anderswo auftreten oder aufgetreten waren auf dem Weg zum modernen Rechtsstaat? Polizeiprojekte? Lieber nicht, das war nicht Sache der Entwicklungshilfe. Immerhin lernten Tausende von Beamten aus den armen Ländern bei der Deutschen Stiftung für Entwicklungsländer in Westberlin, wie eine moderne Verwaltung aussehen konnte.

Je weiter die wirtschaftliche »Entwicklung« voranschreiten würde, so meinten wir, desto stabiler, desto demokratischer könnte der Staat werden, desto mehr würden Recht und Gesetz über Vetternwirtschaft und Bestechung siegen. Also kam es darauf an, nicht den Staat zu fördern, sondern die Wirtschaft, die Infrastruktur.

Jetzt, zu Beginn des 21. Jahrhunderts, kann man von einem anerkannten Fachmann den Satz lesen: »Die Schwäche vieler armer Staaten ist gleichzeitig eine Ursache und eine Folge ihrer wirtschaftlichen Misere« (Bernd Ludermann in *Privatisierung der Weltpolitik*, Bonn, 2001). Daß der weiche, unvollkommene, schwache Staat eine Folge wirtschaftlichen Elends war, das wußten wir schon vor vierzig Jahren. Aber auch eine Ursache? Das wissen wir heute besser als damals. Vor allem haben wir gelernt: Wo der Staat zerfällt oder gar schon verschwunden ist, hat die Wirtschaft keine Chance. Wer, Einheimischer oder Fremder, wird schon eine Fabrik bauen, wenn er nicht weiß, wann sie geplündert oder angezündet wird, wenn er nur sicher sein kann, daß die Übeltäter nie vor Gericht kommen? Welcher Bauer wird sich schon Mühe geben, mehr Mais oder Maniok anzubauen, als seine Familie unbedingt braucht, wenn er damit rechnen muß, daß die Soldateska der Warlords jederzeit die Felder verwüsten oder Vorräte mitnehmen kann?

Was man »Entwicklung« nennt, ist auf Institutionen angewiesen, zivilgesellschaftliche und staatliche. Die kirchliche Entwicklungshilfe war deshalb immer die wirksamste, weil hier – unter Umgehung der staatlichen Bürokratie – von einer Gemeinde zur andern geholfen wurde. Die Kirchengemeinden waren oft die einzige Organisation des Dorfes oder der Stadt, die solide organisiert und von verläßlichen Personen verwaltet wurde. Es entstanden Beziehungen zwischen Menschen, die einander vertrauten.

Wenn die Industrieländer besonders armen Ländern Schulden erlassen, werden meist sogenannte »Gegenwertfonds« gefordert oder eingerichtet. Schuldner zahlen in Landeswährung an den Fonds, was sie in harter Währung an die fremden Gläubiger hätten zahlen müssen. Der Fonds soll dann Buslinien einrichten, Wasserleitungen oder Sanitätsstationen bauen. Diese exzellente Idee hat oft nur einen Haken: Wer verwaltet den Fonds? Wie schützt man ihn vor Veruntreuung, wie verhindert man Gefälligkeitsprojekte?

IV. Es war also falsch, von der »wirtschaftlichen Entwicklung« als Nebenwirkung die stärkeren Institutionen, einen solideren Staat, ja sogar Demokratie zu erwarten. Denn ohne verläßliche Institutionen, ohne eine belastbare Rechtsordnung, kommt auch die Wirtschaft nicht voran.

Mit dem schlichten Satz: »Die Schwäche vieler armer Staaten ist gleichzeitig eine Ursache und eine Folge ihrer wirtschaftlichen Misere« ließe sich das ganze Elend Schwarzafrikas korrekt beschreiben. Das Afrika südlich der Sahara – mit Ausnahme Südafrikas – ist in einem Zirkel des Unheils gefangen: Weil die Afrikaner keine verlässlichen Institutionen, kaum funktionierende Staaten haben, bleiben sie arm – oder werden noch ärmer. Und weil sie so arm sind, können sie sich keine Institutionen leisten, die einem Investor auch nur Rechtssicherheit bieten.

Europäer, die als Heilmittel die Stärkung der Zivilgesellschaft empfehlen, bekommen gerade in Afrika meist eine ernüchternde Antwort: Wo Staaten zerfallen, ist die Zivilgesellschaft – wenn es Ansätze dazu gibt – nichts, was dem Staat entgegenzusetzen wäre, was ihn ersetzen könnte. Im Gegenteil: Beide stehen und fallen miteinander. Allein ein funktionierender Staat erlaubt die Bildung einer lebendigen Zivilgesellschaft. Und nur eine einigermaßen strukturierte Zivilgesellschaft kann den Staat dauerhaft stützen. Wo der Staat stirbt, überlebt auch die Zivilgesellschaft nicht – so es sie vorher gegeben hat.

Jetzt, zu Beginn des 21. Jahrhunderts, erscheint der afrikanische Unheilszirkel noch um einiges hoffnungsloser: Weil in Afrika die Staaten zerfallen – ein Viertel existiert praktisch nicht mehr –, spart das globalisierte Kapital Schwarzafrika aus, umgeht es, hat es abgeschrieben. Und weil Schwarzafrika sich ausgegrenzt, abgeschrieben fühlt, weil afrikanische Völker das Gefühl bekommen, gänzlich überflüssig zu sein, weil viele immer ärmer werden, zerfallen die Staaten weiter. Am Ende könnte der größte Teil Schwarzafrikas zur »entité chaotique ingouvernable – und ingouvernée« – werden, ein Kontinent der Warlords.

Wenn dazu noch der Wettlauf zwischen Aidstod und einer hohen Geburtenrate kommt, der wiederum vom wirtschaftlichen Elend und vom politischen Chaos beschleunigt wird, dann dürfte auch der kälteste Neoliberale begreifen, daß der Markt nicht weiterhilft. Hier ist Politik gefragt, weitsichtige, mutige Politik. Sie wird nicht ohne finanzielle Opfer abgehen.

V. Nun könnte manchem Leser die Frage auf der Zunge liegen: Und was hat dies alles mit Bin Laden zu tun? Inwiefern gehören Staatsverfall in Afrika – oder auch in Zentralasien und demnächst vielleicht in Indonesien – und die Netzwerke des Terrors zusammen? Darauf gibt es zwei Antworten, eine sehr kurze und eine ziemlich lange. Die kurze: Wenn Terroristen Ausbildungslager, überhaupt sichtbare Zentralen brauchen, so legen sie diese in Länder, die keinen funktionierenden Staat, keine verbindliche Rechtsordnung mehr besitzen. Da entstehen keine Rechtsfragen, reicht eine Abmachung mit denen, die in diesem Gebiet Macht ausüben. Da kommt es allenfalls auf gegenseitige Sympathie – und auf Geld – an. Und das läßt sich besorgen. Wo es kein staatliches Gewaltmonopol gibt, kann man auch keines verletzen. Daher hat Bin Laden seine Übungslager in jenes Afghanistan verlegt, in dem die Taliban in der Hauptstadt ihm nahestanden und die Warlords in der Provinz mit sich reden ließen und wohl auch die Hand aufhielten. Auch in Somalia soll es solche Lager geben.

Der zweite Grund soll im nächsten Kapitel dargestellt werden: die gemeinsamen Kennzeichen privatisierter, kommerzialisierter und meist auch krimineller Gewalt. Sie gelten für den Kriegsherrn Bin Laden genauso wie für seine Kollegen in Sierra Leone oder in Burma.

Kapitel 5
Kennzeichen privatisierter Gewalt

I. Zu den Kennzeichen privatisierter »violence«, die sich als »power« ausgibt, gehört, daß sie schwer zu lokalisieren ist. Sie scheut klare Fronten. Sie kann überall zuschlagen, ist aber meist nirgends zu fassen. Schon 1991 prophezeite Martin van Creveld, daß

»richtige Gefechte mehr und mehr von Geplänkel, Bombenanschlägen und Massakern abgelöst werden«,

»Stützpunkte werden von Schlupfwinkeln und heimlichen Lagerplätzen abgelöst werden« (a. a. O., S. 303).

»Die Unterscheidung von Front und Hinterland wird nach und nach aufgehoben werden« (a. a. O., S. 296).

Wie privatisierte Gewalt aus der Perspektive der zivilen Opfer sich darstellt, zeigt ein Bericht der *Süddeutschen Zeitung* vom 10./11. Februar 2001 über die Kämpfe, die sich damals in der Grenzregion zwischen Liberia, Sierra Leone und Guinea abspielten:

»Wer in der Grenzregion gegen wen kämpft, ist auch für die Beobachter im Land schwer auszumachen. Zum einen liefern sich Regierungstruppen aus Guinea und sierraleonische Rebellen der RUF immer wieder heftige Kämpfe. Doch gibt es noch eine ganze Reihe anderer Milizen, die das gesamte Länderdreieck zwischen Guinea, Sierra Leone und Liberia ins Chaos gestürzt haben. Eine UN-Mitarbeiterin sagt lapidar: ›Wir können die Angreifer oft nicht identifizieren.‹«

Könnte einer der Söldner diesen Bericht lesen, er würde wohl lächelnd kommentieren: »Wir sind nicht scharf darauf, identifiziert zu werden! Wir wollen überall und nirgends sein, das verbreitet die Furcht, die wir brauchen, und das schützt uns vor denen, die vielleicht doch noch eine staatliche

Ordnung verteidigen wollen.« Sowenig die UN-Mitarbeiterin herausfinden konnte, wer da gegen wen kämpfte – oder vielleicht auch nur zu kämpfen vorgab –, sowenig wußten die amerikanischen Behörden, wer die Milzbranderreger in die Post des Kongresses getan hatte. Wer die Träger privatisierter Gewalt identifizieren und dingfest machen will, wird es immer schwer haben, nicht nur die US-Army bei ihrer Jagd auf Bin Laden. Wer es mit privatisierter Gewalt aufnehmen will, muß sich einrichten auf das, was Herfried Münkler »Klandestinität, Heimtücke« oder »die Unfaßbarkeit und Unsichtbarkeit des Gegners« nennt (*Frankfurter Rundschau* Nr. 226/ 2001).

II. Das zweite, durchgängige Merkmal: Die Unterscheidung zwischen Kombattanten und Zivilisten, zwischen Kämpfenden und Unbeteiligten, ist außer Kraft gesetzt. Meist sind unschuldige, unwillige, eingeschüchterte, verschreckte und vor allem gänzlich schutzlose Zivilisten die Opfer. Noch im Ersten Weltkrieg kamen auf ein ziviles Opfer zehn getötete Soldaten. Wo die privatisierte Gewalt freie Bahn hat, ist das Verhältnis nahezu umgekehrt. Auf einen getöteten Söldner kommen zwischen acht und zehn umgebrachte Frauen, Kinder, Greise, die mit dem Schießen und Morden nichts zu tun haben wollten. Das bedeutet, daß die Zahl der gemordeten Unbeteiligten, bezogen auf die der getöteten Kämpfer, sich seit 1918 um das Achtzig- bis Hundertfache erhöht hat. Was im Ersten Weltkrieg eine sorgfältig vermiedene Nebenwirkung gewesen war, im Zweiten Weltkrieg schon ohne Scheu in Kauf genommen wurde, ist zur gängigen Methode privatisierter Gewalt geworden.

Übrigens wächst in ähnlichem Tempo die Zahl der Journalisten, die in solchen Kämpfen umkommen. Allein im Jahr 1999 hat sich deren Zahl verdoppelt. Und das hat mit dem ersten Merkmal zu tun: Die Söldner der Kriegsherren möchten bei ihrem wahllosen Morden nicht fotografiert werden, sie wollen verhindern, daß jemand ihr Tun der Weltöffentlichkeit schildert. Und dabei zumindest sind sie nicht ohne Erfolg.

Die Exekutoren privatisierter Gewalt kämpfen nicht gerne gegeneinander. Das ist gefährlich und bringt nichts ein. Werden Schusswechsel oder Gefechte unausweichlich, so werden häufig Kindersoldaten vorgeschickt.

Kindersoldaten sind ein Zeichen für die Verrohung, in die privatisierte Gewalt führt. Die Kleinen, denen man eine Kalaschnikow in die Hand drückt, sind noch um einige Jahre jünger als die Hitlerjungen, die 1945 mit ihren Panzerfäusten die Panzerarmeen der Weltmächte aufhalten sollten. Die Kleinen, denen man heute das Töten beibringt, gehören eigentlich noch zur Mutter. Aber da gerade Frauen und Kinder zu Opfern der Soldateska werden, findet manche Mutter, ihr Elfjähriger sei bei den Söldnern allemal sicherer als bei ihr. Die UNO spricht inzwischen von weltweit zwischen 200 000 und 300 000 Kindersoldaten. Das sind etwa so viele, wie in der Bundeswehr Soldaten dienen. Herfried Münkler (*Merkur* 3/2001) gibt Gründe dafür an, warum Kindersoldaten nützlich sein können: »Deren geringes Risikobewußtsein gepaart mit Botmäßigkeit und Folgebereitschaft (macht) sie zu einem gefügigen Instrument bei der Aufrechterhaltung einer Terrorherrschaft.«

Kindersoldaten sind die letzte Konsequenz einer Gewalt, die nicht mehr zwischen Kämpfenden und Unbeteiligten unterscheidet. Wenn man mit Zivilisten anstellen kann, was einem einfällt und behagt, warum soll man ihnen nicht auch die Kinder wegnehmen? Warum sollen die Kleinen nicht, eben weil sie gänzlich unerfahren und ahnungslos sind, weil sie noch gar nicht richtig begriffen haben, was der Tod ist, die Risiken auf sich nehmen, denen die erwachsenen Söldner aus dem Wege gehen? Diese Söldner wollen ja nicht sterben. Sie wollen ihren Lebensunterhalt verdienen und, wenn möglich, sich bereichern. Die Kinder aber werden, ehe sie gelernt haben, zwischen gut und böse zu unterscheiden, zu Verbrechern. Und wenn kein Wunder geschieht – und wenn sie nicht umkommen –, bleiben sie es auch. Jedenfalls sind sie für ihr ganzes Leben gezeichnet. Wer hier die Verletzung von Menschenrechten anmahnt, verharmlost. Hier wird humanes Leben im Keim erstickt.

Kindersoldaten bezeugen eine Form von Verrohung, die dem Mittelalter fremd war. Es gibt sogar einen wichtigen Unterschied zwischen den Hitlerjungen von 1945 und den Kindersoldaten des Jahres 2000: Hitler schickte die 15jährigen ins Feuer, *obwohl* sie so jung waren. Die Kriegsherren holen sich die Kinder, *weil* sie so jung sind. Hitler mißbrauchte halbe Kinder als letztes Aufgebot. Die Warlords nutzen ganze Kinder als erstes Aufgebot. Das ist praktischer – und billiger.

III. Damit sind wir beim dritten Merkmal: Privatisierte Gewalt ist durch und durch kommerzialisiert. Wir haben dies schon gesehen bei den »Rebellen«, also der von unten her privatisierten Gewalt. Es gilt genauso für die Privatisierung von oben. Gewalt muß sich rechnen. Sie muß sich selbst finanzieren. Und wer in Gewalt investiert, verlangt, wie jeder Investor, eine Rendite.

Was Martin van Creveld 1991 vorausgesagt hat, läßt sich heute an unzähligen Beispielen belegen:

»Falls sich die Organisation der kriegführenden Einheiten ändern sollte, falls die persönlichen Interessen des Anführers künftig überwiegen, dann werden auch ihre Anhänger persönliche Interessen in den Vordergrund stellen. Militärische und wirtschaftliche Funktionen werden wieder zusammengeführt, wie es zumindest bis 1648 durchaus übliche Praxis war. Der Ruhm des einzelnen, Gewinn und Beute, die sich jeder Söldner unmittelbar auf Kosten der Zivilbevölkerung verschaffte, werden nun wieder an Bedeutung gewinnen, nicht nur als zufällige Belohnungen, sondern als legitime Kriegsziele. Mit einiger Wahrscheinlichkeit wird auch die

Gier nach Frauen und nach sexueller Befriedigung wieder auf den Plan treten. Da die Unterscheidung zwischen Kombattanten und Nichtkombattanten aufgehoben wird, steht zumindest zu erwarten, daß solche Dinge eher toleriert werden als nach den Vorschriften der sogenannten zivilisierten Kriegführung.« (*Die Zukunft des Krieges*, a. a. O., S. 316)

Was Creveld sich noch nicht vorstellen konnte, haben wir in Bosnien gesehen: daß die systematische Vergewaltigung von Frauen nicht nur die Gier der Söldner stillen, sondern eine ganze Volksgruppe demütigen und erniedrigen sollte.

Noch etwas anderes konnte Creveld nicht ahnen: daß die privatisierte Gewalt noch ganz andere Finanzquellen erschließen würde als die Condottieri des Dreißigjährigen Krieges. Wir haben diese Quellen beschrieben. Sie reichen vom Handel mit Rauschgift und Diamanten bis zum Menschenhandel für die Zwangsprostitution.

Auch Bin Laden hat sich nicht auf das gewaltige Vermögen verlassen, das sein Vater ihm vererbte. Er war im Drogenhandel aktiv, und er hat an der Börse spekuliert. Wenn man Äußerungen des Bundesbankpräsidenten und des Bundesfinanzministers glauben darf, hat er in seinen Spekulationen auch den Schock des 11. September vorweggenommen und genutzt. Was immer die Al Qaida sonst noch ist, sie gerierte sich als multinationales Unternehmen, als Global Player.

Bei Bin Laden ist allerdings noch klar, was für ihn Mittel, was Zweck ist. Wer den Vereinigten Staaten den Krieg erklärt, riskiert mehr als nur eine dürftige Rendite. Bin Laden hat sein multinationales Unternehmen aufgebaut, um im Namen Allahs die Bösen zu bestrafen und das Böse in Schranken zu weisen. Aber es gibt Hunderte von privaten Gewaltunternehmern, ob sie sich Rebellen oder Paramilitärs nennen, bei denen nicht mehr eindeutig zu entscheiden ist, ob sie ihre dunklen Geschäfte betreiben, damit sie ihr Gewaltpotential finanzieren können, oder ob sie nur diesen Geschäften mit Gewalt nachhelfen wollen.

Es liegt in der Logik solcher Kommerzialisierung, daß die Firmen sich mehren, die Söldner und Waffen verleihen. Meist beginnen sie mit einer Art von militarisiertem Werkschutz, dann engagieren sie sich bei der Bekämpfung von »Rebellen«. Inzwischen haben sie einen weltweiten Gewaltmarkt gebildet, auf dem die harte Währung mehr zählt als die politischen Neigungen der Nachfrager. Natürlich können auch Staaten solche Firmen in Anspruch nehmen. Nur haben sie meist nicht das Geld dazu.

Am bekanntesten ist die – inzwischen aufgelöste – südafrikanische Firma »Executive Outcomes« geworden. Gegründet von einem pensionierten südafrikanischen Offizier, ist sie in Angola und Sierra Leone tätig geworden. Seither sind einige britische und amerikanische Firmen dazugekommen: »Sandline International«, »IDAS«, »Gurkha Security Guards«, »DSL«, »Levdan«, »Silvershadows«, »Vinnel«. Inzwischen kann man auch schwere Waffen bis hin zu Flugzeugen mieten.

Wo der Zerfall von Staaten »gewaltoffene Räume« läßt und mehr oder minder kriminelle Organisationen in diese Räume eindringen, wächst natürlich die Nachfrage nach Sicherheitsdienstleistungen. Privatisierte Gewalt von unten provoziert die privatisierte Gewalt derer, die noch etwas zu verlieren haben. Sie kaufen das Maß an Sicherheit, das jenseits des staatlichen Gewaltmonopols möglich ist. Eine sehr relative Sicherheit wird zur Ware am Markt, die einige sich leisten können, die Mehrheit nicht. Und der Markt wächst. Hätten alle Teile der Weltwirtschaft die Wachstumsraten, welche die kriminalisierte Gewalt und ihre käufliche Gegengewalt aufweisen, niemand müßte sich Sorgen um die Weltkonjunktur machen. Das gilt, wie wir noch sehen werden, keineswegs nur für zerfallene Staaten in Afrika, sondern auch für Schwellenländer und Industriestaaten, ganz besonders für die Vereinigten Staaten.

IV. Das vierte Merkmal: Privatisierte und kommerzialisierte Gewalt ist ganz und gar gesetzlos. Alles, was vor allem im 19. und 20. Jahrhundert die »violence« mildern, den Krieg zivilisieren sollte, gilt für privatisierte Gewalt nicht. Alles, was Furcht und Schrecken verbreitet, ist erlaubt. Lernt ein Offiziersbewerber auf der Kriegsschule, was er in einer eroberten Stadt zu tun und zu lassen hat, so lernen die Söldner der Kriegsherren, zumal die ganz jungen, nur das Töten, und zwar nicht nur mit der Kalaschnikow. Es kann auch das »necklace« sein, der brennende Autoreifen um den Hals des Opfers, der zynisch zur »Halskette« avanciert. Man muß Grimmelshausens *Simplicius Simplizissimus* lesen, um am Beispiel des Dreißigjährigen Krieges zu lernen, was menschliche Phantasie an Quälereien ersinnen kann. Getötet wird mit jedem Werkzeug, das zur Hand ist. Wo die Kalaschnikow fehlt, reicht das Messer oder die Machete. Das kann sich dann zum Völkermord steigern wie in Ruanda.

Diese absolute Gesetzlosigkeit nehmen nicht nur die afrikanischen und asiatischen Warlords in Anspruch. Auch für die Netze des Terrors ist alles erlaubt. Man stelle sich vor, ein General hätte seinen Offizieren der Luftwaffe befohlen, in Verkehrsflugzeugen die Piloten und die Stewardessen zu erstechen, sich ins Cockpit zu setzen und die Maschine mitsamt allen Passagieren in ein Hochhaus stürzen zu lassen. Die Offiziere hätten am Verstand ihres Vorgesetzten gezweifelt oder sich die Frage erlaubt, warum der Herr General solch makabre Scherze zu machen beliebe. Gehorcht hätten sie nicht. Dazu waren sie nicht Offiziere geworden. Aber Bin Laden konnte mit solchen Anweisungen gescheite junge Männer zu den grauenhaftesten Formen des Mordes veranlassen, Männer, deren Bildungsstand sich durchaus mit dem eines Offiziers vergleichen läßt.

Als gesetzlos, als wilde Kämpfer außerhalb der Kriegsgesetze, galten auch die Partisanen, die vor allem im Zweiten Weltkrieg ganze Divisionen der Deutschen Wehrmacht banden und einen erheblichen Anteil am Sieg der Alliierten für sich beanspruchen konnten. Aber gerade im Vergleich mit diesen Partisanen wird klar, was sich inzwischen verändert hat. Natürlich mußten sich die Partisanen Lebensmittel, Heizmaterial oder Munition besorgen. Natürlich ging es da nicht korrekt zu im Sinne eines bürgerlichen Rechts oder des Kriegsrechts. Aber sie waren kein kommerzielles Unternehmen. Die Partisanen waren nicht wählerisch in ihren Mitteln. Sie wußten schließlich, daß sie sterben würden, wenn sie dem Feind in die Hände fielen. Aber sie versuchten – im Gegensatz zu den Warlords –, die Zivilbevölkerung zu schonen, auf deren Duldung oder Unterstützung sie angewiesen waren. Sie hatten nur einen Feind: die Besatzer. Partisanen verstanden sich zwar auch als »Waffe der Schwachen«, aber eben im Kontext eines Weltkrieges zwischen gewaltigen Armeen. Die weißrussischen Partisanen hinter dem Mittelabschnitt der deutschen Ostfront wollten helfen, die deutschen Herrenmenschen aus ihrer Heimat zu vertreiben. Sie waren keine »privatisierte Gewalt«, sondern Soldaten der Sowjetarmee, nur ohne Uniform und hinter den feindlichen Linien. Sie waren auf sich selbst gestellt, aber in Verbindung mit der regulären Armee. Sie waren Partisanen, weil sie keine Soldaten mehr sein konnten. Wenn ihr Gebiet befreit war, gingen sie wieder zur Armee.

Partisanen standen zwar außerhalb der – ohnehin dauernd gebrochenen – Kriegsgesetze. Doch sie waren weit entfernt von der absoluten Gesetzlosigkeit jener Kriegsherren, die Kommandeure und Unternehmer zugleich sind.

Übrigens gilt die absolute Gesetzlosigkeit auch für das Verhältnis der Warlords untereinander. Man weiß nie, wer mit wem gerade verbündet ist, wer mit wem in Fehde liegt. Das kann sich über Nacht ändern. Daher sind Unterschriften, etwa unter »Friedensverträge«, nicht ernst zu nehmen. Auch hier hat Martin van Creveld schon vor einem Jahrzehnt gesehen, was kommt:

»Wenn die Befriedigung persönlicher Bedürfnisse und das Sichern privater Gewinne erst einmal als wichtige und legitime Motive gelten, dann werden Subversion, Verrat und wechselnde Bündnisse... wieder so alltäglich werden wie in der Vergangenheit.« (a. a. O., S. 309)

Mit »Vergangenheit« meint Creveld hier nicht etwa das 19. oder 18. Jahrhundert, sondern die Wirren des Dreißigjährigen Krieges. Auch damals war es unendlich schwer, Frieden zu schließen, weil es zu viele Kriegsherren gab, die vom Krieg lebten und auf deren Wort kein Verlaß war.

Wer Dialog statt Gewalt fordert, muß sich fragen lassen, ob die Träger privatisierter Gewalt dialogwillig und vor allem dialogfähig sind. Friede setzt Vertrauen in das Wort des Gegners voraus. Insofern hatte sogar die »Offiziersehre« eine positive Funktion.

V. Das fünfte Merkmal ist, daß sich absolute Gesetzlosigkeit, unvorstellbare Brutalität und kriminelle Geschäfte verbinden lassen mit religiösem oder nationalistischem Fundamentalismus. Während wir in Europa gewohnt sind, daß Fundamentalismus meist einhergeht mit einer strikten, oft engen Moral, ist es bei privatisierter Gewalt häufig ein fundamentalistisch begründeter Fanatismus, der jedes Verbrechen ermöglicht und rechtfertigt.

Wir haben, zuerst am Beispiel der Abu Sayyaf, von der Mischung zwischen fundamentalistisch motiviertem Fanatismus auf der einen, Kriminalität auf der anderen Seite gesprochen. Das trifft nicht nur die von unten, sondern auch die von oben her privatisierte Gewalt. Auch dort sind die Mischungsverhältnisse zwischen beidem verschieden.

Aber wir müssen den Begriff »Mischung« erläutern, modifizieren und sogar korrigieren. Mischung bedeutet nicht nur, daß da Fundamentalisten und Kriminelle in einer Kampfgruppe zusammen leben mit all den Spannungen, die daraus erwachsen können. Das kommt auch vor. Wichtiger für das Verständnis privatisierter Gewalt ist aber etwas anderes: Kriminelle Taten, Mord, Plünderung, Brandstiftung begehen die Fanatiker wie die Kriminellen, nur mit unterschiedlicher Motivation. Den Opfern kann es gleichgültig sein, ob sie umgebracht werden, weil Allah es so will oder weil jemand seinen kriminellen Instinkten folgt.

Das spezifische Ineinander von Fundamentalismus und Kriminalität wird erst dadurch möglich, daß Fundamentalisten sich berechtigt und ermächtigt fühlen, ihrer Sache auch mit kriminellen Methoden zu dienen, ihre Ziele mit menschenverachtender Brutalität anzusteuern. Das führt übrigens dazu, daß sogar kriminelle Warlords sich manchmal bemüßigt fühlen, ihr schlimmes Tun mit hehren Zielen zu begründen.

Wo es, wie bei den Todesschwadronen Lateinamerikas, vor allem um die Aufrechterhaltung eines – offenkundig ungerechten – Gesellschaftssystems geht, überwiegen die ausgewiesenen Kriminellen, einfach weil die Sache, die da verteidigt werden soll, einen Nicht-Kriminellen kaum zum Mord motivieren könnte. Auch der serbische Nationalismus hatte kaum die Kraft, aus gesetzestreuen Menschen blutrünstige Verbrecher zu machen. Er zog nur Verbrecher wie Ražnjatović an und nahm sie in seinen Dienst, überhöhte sie sogar zu Nationalhelden.

Anders sieht es aus, wo Religion ins Spiel kommt. Da bedarf es keiner Berufskriminellen. Gottesstreiter, Menschen, die sich für Werkzeuge Gottes halten, die den Willen Gottes auf Erden zu vollstrecken meinen, waren immer schon von unvorstellbarer Brutalität. Die Juden in den rheinischen Gemeinden, die von den Kreuzrittern als Feinde Gottes umgebracht wurden, konnten und wollten nicht wissen, ob sich unter die frommen Ritter auch ein Krimineller gemischt hatte. Er hätte sich nicht anders verhalten als die Gottesstreiter. Die Stewardessen, die in ihren Flugzeugen plötzlich abge-

schlachtet wurden, konnten nicht ahnen, daß da nicht Berufs-
gangster, sondern fromme Muslime am Werk waren.

Die Mischung zwischen Fundamentalismus und Kriminalität wird also erst dadurch möglich, daß Fanatiker zu Methoden greifen, deren sich sonst Kriminelle bedienen. Es ist
durchaus verständlich, daß Kriminelle sich wohl fühlen, ja
aufgewertet sehen in einer Umgebung von frommen Fanatikern, die nicht anders handeln, als es unter Kriminellen üblich
ist.

VI. Es ist dieses komplizierte Miteinander und Ineinander
von Fundamentalismus und Kriminalität, das verständlich
macht, warum privatisierte Gewalt, je nach Perspektive, als
krimineller Terror verurteilt und als Freiheitskampf gefeiert
werden kann. Wer sich mit den proklamierten Zielen identifiziert und die üblen Methoden ignoriert, hat viel zu rühmen.
Wer die Ziele mißbilligt und die Methoden abscheulich findet, ist in Gefahr, die Bösen im Namen des Guten zu bekämpfen – wie die Terroristen auch.

Von politischer Brisanz ist die gegensätzliche Beurteilung
der Aufständischen in Tschetschenien. Die einen, darunter sicher auch die deutschen Medien, sehen vor allem den Unab-
hängigkeitskampf eines kleinen, schon von den Zaren unter-
jochten Volkes. Andere verweisen darauf, daß nicht von
ungefähr das afghanische Taliban-Regime als einzige Regierung der Welt die Unabhängigkeit Tschetscheniens anerkannt
habe. Der russische Präsident Putin unterscheidet in Tschetschenien zwei Hauptgruppen: internationale Terroristen,
vor allem aus arabischen Ländern, und »Überbleibsel separa-
tistischer Banden«. Selbst wer diese »Banden« für verzwei-
felte Kämpfer für die Unabhängigkeit hält und den Tschetschenen ein Recht auf »Separation«, also auf einen eigenen
Staat, zusprechen möchte, wird einräumen müssen, daß in
Tschetschenien inzwischen auch Gottesstreiter zu Gange
sind, denen die Taliban-Herrschaft als Vorbild dient. Für sie

ist – gegen die ungläubigen Russen – alles erlaubt. Deshalb erklärt Putin: »Es kann keine guten und schlechten Terroristen geben!« (*Süddeutsche Zeitung* vom 19. Dezember 2001) Wenn er damit meint, es könne doch nicht rechtens sein, in Moskau Häuser in die Luft zu jagen, während es ungeheuerlich ist, Türme in New York zum Einsturz zu bringen, dann hat er wohl recht. Trotzdem ist es nicht hilfreich, jeden, der sich gegen Fremdherrschaft wehrt, sogleich zum Terroristen zu stempeln. Das Ineinander von Überzeugungen, Zielen und Methoden ist bei privatisierter Gewalt sehr verschieden. Daher dürfte es auch nicht gelingen, zu einer allseits akzeptierten Definition von Terror zu kommen.

Exkurs

Al Qaida und die Figur des
Osama Bin Laden

In der Dezembernummer 2001 von *Le Monde Diplomatique* vergleicht Ignacio Ramonet die Al Qaida mit anderen multinationalen Unternehmen. Diese Terrororganisation sei »perfekt angepasst an das Zeitalter der Globalisierung mit ihren multinationalen Verflechtungen, ihren Finanznetzen, ihren Verbindungen zu den Medien und Kommunikationsmitteln, ihren geregelten Versorgungswegen… ihren Propagandazentren, ihren Filialen und Unterfilialen«.

Ramonet meint sogar, hier sei nach den Stadtstaaten der Antike und den Nationalstaaten des 19. und 20. Jahrhunderts der Prototyp des »réseau-état« entstanden, des Netzstaates, ja sogar des Individualstaates (individu-état), dessen erstes Beispiel Bin Laden sei.

Nun läßt sich kaum bestreiten, daß Bin Laden nicht nur, wie Ramonet sagt, innerhalb von Wochen zum »berühmtesten Mann der Welt« geworden ist. Er hat es, eben durch Medienpräsenz über den Sender Al Dschasira, zum Gegenspieler des US-Präsidenten gebracht. Er antwortet – und droht – ihm gewissermaßen auf gleicher Augenhöhe. Seine Videos fesseln viele Beobachter mehr als die Reden des amerikanischen Präsidenten. In der Tat, er spielt die Rolle eines Staatsoberhauptes, und er spielt sie erstaunlich gut. Aber ist er es deshalb schon?

Die Faszination, die von dieser Figur ausgeht, rührt wohl daher, daß in ihm niemand auf Anhieb den teuflischen Verbrecher vermuten würde. Die Inkarnation des Bösen stellen wir uns anders vor. Zum Nachfolger eines Hitler, eines Stalin oder auch Saddam Hussein taugt er nicht. Navid Kermani schildert in der *Süddeutschen Zeitung* vom 11. Oktober 2001 seine Sprechweise:

»Osama Bin Laden spricht ein schönes Arabisch. Weder unterlaufen ihm Wendungen des Dialekts, wie es bei der heutigen Führergeneration der arabischen Welt zu beobachten ist, noch verwechselt er die komplizierten Flexionsendungen, wie es selbst Intellektuellen geschieht. Er wählt altertümliche Worte, die den gebildeten Arabern aus der religiösen Literatur und der klassischen Poesie vertraut sind, und hütet sich vor allen Neologismen. Die atemberaubend differenzierte Artikulation der hocharabischen Konsonanten sowie die Modulation und Länge der Vokale könnten präziser sein – daran merkt man die fehlende theologische Ausbildung, die mit der Rezitation des Korans auch das wohlklingende Arabisch vermittelt. Andererseits ist es gerade die bemühte Bescheidenheit des Ausdrucks, die ans Herz der Glaubensbrüder zu rühren trachtet... Noch im Fehlen von Betonungen kündet seine Rhetorik vom puritanisch-wahhabitischen Geist, der angeblich mit jenem des göttlich Gesandten identisch ist.«

Was wohl dabei herauskäme, wenn ein kluger Anglist die Sprache und Sprechweise George Bushs, ein Romanist die Jacques Chiracs, ein Germanist die Gerhard Schröders so präzise und einfühlsam beobachten würde? Da redet offenbar einer, der für eine kulturelle Tradition stehen, sie repräsentieren will. Und wohl auch einer, der weiß, worauf es jetzt ankommt, jetzt, wo mehrere tausend unschuldiger Opfer ihn anklagen. Das zeigt sich,

»wenn Osama Bin Laden Wendungen des Korans zitiert: Wo andere Redner die Stimme grotesk zu heben und wieder zu senken pflegen, sobald sie die Offenbarung sprechen, fährt Osama bin Laden im gleichen betulichen Tonfall fort, als wolle er allein durch die Vernunft seiner Botschaft überzeugen. Daß der Verzicht auf alle Rhetorik in dieser Situation, da ihn die westliche Welt zum Ausbund des Bösen stilisiert, das klügste rhetorische Mittel ist – wer weiß, bis zu welchem Grade er selbst es übersieht.«

Der da spricht, hat keinen Staat, er ist auch kein Staat, wie Ramonet meint. Er will wohl auch keinen Staat, jedenfalls keinen von den arabischen Staaten mit ihren korrupten Oberschichten. Aber er sagt und tut, was die Staaten und ihre Führer nicht sagen und tun, weil sie, so meint er, zu bequem und zu feige dazu sind. Er setzt sich einfach an ihre Stelle, ohne Pathos, ohne Scheu, ohne große Gesten, aber mit Autorität.

Bin Laden besitzt zwar noch keine Atomwaffen, aber er hat eine Waffe, über die auch die Supermacht nicht verfügt, zu der es auch keine verläßliche Abwehrwaffe gibt: die Bereitschaft von Menschen, sich selbst zu töten, um Feinde mit in den Tod zu reißen. Das verleiht Selbstbewußtsein, ja so etwas wie moralische Überlegenheit: Ihr könnt ja nur aus großer Höhe bomben, damit ja keine »American lives« in Gefahr geraten. Ihr habt Angst vor dem ersten Zinnsarg. Für unsere, für meine Sache sind viele bereit zu sterben, manche drängen sich dazu. Was letztlich zählt, ist nicht die Technik, es sind die Menschen.

Das ist die letzte Steigerung, der Triumph privatisierter Gewalt: daß sie nicht mehr privat sein will, daß sie an die Stelle staatlicher Autorität tritt, mit Staatschefs wie mit ihresgleichen verkehrt, einer Supermacht den Krieg erklärt, Krieg führt, wo Staaten sich längst nicht mehr trauen, und dann auch noch als kriegführend anerkannt wird. Dabei hat niemand Bin Laden legitimiert, keine Wahl, keine Volksversammlung, kein Parlament. Nein, Ramonet hat nicht recht: Dies ist kein Staat. Dies bleibt ein multinationales Gewaltunternehmen. Und Geschäftsleute, die sich anheischig machen, Krieg zu führen, und das auch noch nach ihren eigenen Regeln, sind und bleiben Mörder. Sie müssen es bleiben. Sonst wird nicht nur irgendein Staat lächerlich, sondern der Staat als Institution, der moderne Staat als Ergebnis eines Prozesses, der auch ein Prozeß hin zur Zivilisation war, zur Unterwerfung der Gewalt unter das Recht. Eben weil dieser Bin Laden uns dies, wenigstens für Augenblicke, vergessen lassen kann, eben weil die Person Bin Laden sich mit der ihres Gegenübers messen lassen kann, ist dieser theologisierende Gewaltmulti so gefährlich. Er wird es selbst dann noch sein, wenn er längst tot ist.

Kapitel 6

Warum privatisiert sich Gewalt?

I. Der Vorgang, den wir »Privatisierung der Gewalt« nennen, läßt sich nicht angemessen schildern, ohne daß seine Gründe durchschimmern. Streng genommen ist jede Korruption in der öffentlichen Verwaltung bereits ein Ansatz dazu. Wo von Staatsorganen Leistungen für die Sicherheit nur zu haben sind, wenn man private Wünsche und Interessen der Beamten bedient, wird Sicherheit schon das, was sie nach ihrer Privatisierung für jeden erkennbar werden muß: eine Ware am Markt, deren Preis die eine Bürgerin bezahlen kann, die andere nicht. Hier soll nun den sehr unterschiedlichen Gründen für jenen Prozeß der Gewaltprivatisierung nachgegangen werden, von dem wir behaupten, daß er überall auf dem Globus stattfindet, wenn auch in sehr verschiedenen Formen.

Diese Ursachen sind teilweise sehr banal und unmittelbar einleuchtend, teilweise allerdings auch so komplex und für viele von uns so unbequem, daß ihre kontroverse Diskussion ebenso unvermeidbar wie hilfreich sein kann.

Zu den banalen Gründen für die Privatisierung der Gewalt gehört die Waffentechnik. Moderne Waffen sind nicht nur ungeheuer wirksam, sie sind oft auch handlich und leicht zu bedienen. Im Ersten Weltkrieg brauchte man noch drei stämmige Infantristen, um ein Maschinengewehr zu transportieren und zu bedienen. Heute kann ein Schuljunge seine Kameraden, ein Querulant seine Kantonsregierung mit einem automatischen Gewehr innerhalb von Sekunden abknallen. Kindersoldaten wären bei der Waffentechnik zu Beginn des 20. Jahrhunderts noch völlig hilflos – und also unmöglich – gewesen. Jetzt, wo die Kalaschnikow – sie wird heute in

19 Staaten hergestellt – handlich und billig ist, kann man Kinder brauchen.

Neun von zehn Opfern privatisierter Gewalt sterben durch automatische Gewehre und Pistolen russischer, israelischer, amerikanischer, deutscher oder belgischer Herkunft. Etwa 500 bis 550 Millionen Handfeuerwaffen seien weltweit im Umlauf, davon 100 Millionen Sturmgewehre, konstatiert das Entwicklungsprogramm der Vereinten Nationen im Jahr 2000. Nach einem Bericht der *Frankfurter Rundschau* vom 9. Juli 2001 sind von der halben Milliarde Handfeuerwaffen 41 % in der Hand regulärer Streitkräfte, 56 % gehören Zivilpersonen mit Waffenschein. Für die Privatisierung der Gewalt im engeren Sinn reichen etwa 900 000 Kleinwaffen völlig aus, zumal dann, wenn auf dem grauen oder schwarzen Waffenmarkt jederzeit Nachschub bereitsteht.

Damit sind wir beim Waffenmarkt. Für harte Währung ist dort alles zu haben, auch Waffen, die lange Zeit den regulären Armeen vorbehalten waren, etwa Flugabwehrraketen. Seit russische Soldaten monatelang auf ihren dürftigen Sold warten mußten, weiß niemand genau, was sie in ihrer Not verscherbelt haben. Es ist nicht auszuschließen, daß am Waffenmarkt eines Tages auch chemische und biologische Waffen angeboten werden. Inzwischen sind, wie wir gesehen haben, am Markt auch Männer zu haben, welche die Waffen bedienen, allerdings nicht zum Kauf, sondern zur Vermietung auf Zeit.

Leicht erreichbare, leicht transportierbare und leicht handhabbare Waffen, dazu alle Arten von Sprengstoff, Sprengkörpern und Minen sind in einer Gesellschaft in Umlauf, deren Zivilisation so verwundbar ist wie nie zuvor. Wieviel von welchem Sprengstoff muß explodieren, damit ein Jumbo-Jet abstürzt? Wie groß muß die Metallplatte sein, die einen ICE zum Entgleisen bringt? Wie viele Terroristen muß ein Sabotagetrupp umfassen, der die Stromversorgung einer Großstadt lahmlegt?

Je größer die Tanker, die Hochhäuser, die Flugzeuge, die Chemiewerke, die Atomkraftwerke, desto lohnender die Ziele für privatisierte Gewalt. Meist wurden sie in einer Zeit konstruiert oder gebaut, als technokratisches Denken sich so etwas wie kommerzialisierte Gewalt noch nicht vorstellen konnte.

Gelegentlich wird der Versuch gemacht, die Privatisierung der Gewalt zwar als Tatsache zu registrieren, sie aber mit Hinweis auf frühere Epochen zu verharmlosen: Das Mittelalter habe zwar nicht mit entstaatlichter, wohl aber mit vorstaatlicher Gewalt gelebt, und schließlich gar nicht so schlecht. Das mag sein, aber die Zivilisation des Mittelalters war nicht annähernd so verletzbar. Da gab es Brunnenvergifter, aber eben unzählig viele Brunnen. Da gab es Raubritter, aber sie überfielen ein paar Kaufleute. An die Mauern der Städte wagten sie sich nicht. Da gab es Fehden zwischen Adelshäusern. Aber den Rest der Welt kümmerte dies wenig.

Die technische Zivilisation des 21. Jahrhunderts ist eine permanente Versuchung für Gewalttäter, die ihrem Destruktionstrieb freien Lauf lassen. Die Chance, mit relativ geringem Aufwand ungeheure Wirkungen zu erzielen, gewaltige Zerstörungen anzurichten, eine große Zahl von Menschen zu töten, ist eine faszinierende Verlockung für alle, die überzeugt sind, daß diese Zivilisation nichts Besseres verdient habe. Die extreme Verwundbarkeit unserer Zivilisation ist daher eine weitere Ursache für die Privatisierung der Gewalt, vor allem für deren – für uns – gefährlichste Variante: den Terror. Wenn wir es noch nicht wußten, dann zwingt der Terror uns zu der Einsicht, daß wir mit einer »Weltrisikogesellschaft« (Ulrich Beck) zurechtkommen müssen. Diese höchst verwundbare Weltrisikogesellschaft kann sich, im Gegensatz zum Mittelalter, privatisierte Gewalt nicht leisten. Noch heute wird manchem unwohl bei dem Gedanken, was mit diesem Globus wohl geschehen wäre, hätte der Kollaps der Sowjetunion zum Bürgerkrieg und schließlich zur Chaotisierung der Gewalt geführt – und dies in einem riesigen Land, vollgestopft mit Atomraketen, Atomkraftwerken und chemischen Waffen. Daß uns dies alles erspart blieb, ist kein Beweis dafür, daß es nicht möglich gewesen wäre.

II. Ob und inwiefern die Kluft zwischen Reich und Arm, zwischen superreich und bettelarm, und zwar innerhalb wie zwischen den Gesellschaften, privatisierte Gewalt freisetzt, vielleicht notwendigerweise freisetzt, darüber muß wohl gestritten werden. Niemand kann leugnen, daß die Terrorpiloten Bin Ladens junge Männer aus dem Mittelstand waren, daß sie nie Hunger litten und in ihren Motiven die Armen dieser Welt so gut wie nicht vorkamen. Aber ist dies ein durchschlagendes Argument, zumal dann, wenn wir die Debatte aus gutem Grund nicht einengen auf einen – wie auch immer definierten – »Terrorismus«?

Beinahe jeder zweite Bewohner der Metropolen Lateinamerikas und Afrikas lebt inzwischen in den Vierteln, die man Slums, Bidonvilles, Shanty towns, Barriadas oder Favelas nennt. Dort fehlt nicht nur die übliche Infrastruktur, befahrbare, bei Nacht beleuchtete Straßen, durchgängige Wasserleitungen, Kanalisation, geregelte Müllabfuhr, manchmal sogar elektrischer Strom, dort gelten auch keine Gesetze, keine Schulpflicht, kein Steuerbescheid. Das Leben in diesen Quartieren ist, wie ein kompetenter Beobachter knapp formuliert, »arm, ekelhaft, pervertiert und kurz«.

Kurz ist das Leben nicht nur wegen der Abgase, der Seuchen, oft auch des Hungers, sondern vor allem wegen der Kriminalität. In São Paulo wurden allein 1999 nicht weniger als 5900 Menschen umgebracht, das entspricht der Hälfte einer kriegsstarken Division. (Am 4. Januar 2002 meldeten die USA den ersten Gefallenen in Afghanistan.) Natürlich kamen die meisten der Opfer in den Favelas um. Dagegen wurde in der Sektion Alphaville 2, die immerhin 38 000 Einwohner zählt, in 25 Jahren nur ein Mord registriert. Aber da wohnen Chirurgen, Banker, Universitätsprofessoren, beschützt von 470 privaten Sicherheitsleuten mit 74 Streifenwagen. Dies bedeutet, daß auf 80 Bewohner ein privat besoldeter Beschützer kommt.

Alphaville liegt nicht, wie manche ähnliche Festung, neben einer Favela. Der Gestank kümmert sich nämlich nicht um Mauern und Sicherheitsdienste. Es liegt 25 Kilometer vom Zentrum São Paulos entfernt. Von jedem, der hierher kommt, werden per Video Bilder gespeichert. Es handelt sich also um eine brasilianische Variante der amerikanischen »Gated Communities«. Dort grassiert zwar der »panico virtual«, die krankhafte Furcht vor der eigenen Zugehfrau, die rational nicht begründbare Angst, überfallen und umgebracht zu werden, also vor genau dem, wovon man sich meinte freigekauft zu haben. Aber sonst hat das Leben in Alphaville mit dem in den Slums weniger zu tun als das unter dem Eiffelturm mit dem in Novosibirsk.

Auch in Südafrika, das es in bezug auf die Mordrate mit Brasilien aufnehmen kann, sondern sich die Reichen ab in Gebiete, die befestigt sind wie die Städte des Mittelalters. Anstelle der Stadtmauern tritt, wie die *Zeit* (18. Mai 2000, S. 16) schildert, »ein langer Ring aus Stahlpalisaden und Mauern, auf deren Kronen acht Stromleitungen knistern«. Bewacht wird die Stadt neben der Stadt von 60 Wächtern und 56 Kameras rund um die Uhr. In Südafrika hat der Kunsthistoriker Otto Karl Werckmeister den Begriff der »Zitadellengesellschaft« geprägt. Zitadellen, so erläutert er, »waren Festungen, von denen aus Städte, Zentren des Handels, der Kultur und der Macht nach außen gegen die Angriffe von Feinden, nach innen vor dem Aufstand der eigenen Bewohner gesichert wurden«.

Die Exklusion einer großen Unterschicht führt notwendig zur Selbst-Exklusion einer kleinen Oberschicht. Zwischen beiden sind Welten – und die privatisierte Gewalt.

Wo die Ungleichheit der Lebensbedingungen ein erträgliches Maß überschreitet, wird eine Industriegesellschaft schließlich zur Zitadellengesellschaft.

Wenn die Hälfte der Stadtbevölkerung in Hütten aus Wellblech und Pappe haust, in die sich – zumindest bei Nacht – kein Polizist mehr hineintraut, in denen das staatliche Gewaltmonopol nicht mehr gilt, werden die Reichen, die es sich leisten können, sich absondern und sich selbst schützen. Die Polizei hätte dazu weder den Auftrag noch die Kräfte. So entstehen Städte innerhalb der Städte, beschützt von ganzen Kompanien privater Sicherheitsbediensteter. Sicherheit wird zu einer Ware am Markt, die sich nur noch wenige leisten können, nicht die vielen in den Favelas, nicht die fast so vielen, die zwar ein geregeltes Einkommen haben, sich aber auf die Polizei verlassen müssen. Kriminelle Gewalt provoziert privatisierte Gegengewalt. Weil das staatliche Gewaltmonopol in weiten Teilen der Stadt nicht mehr gilt, bilden die Reichen einen Staat im Staat, igeln sich ein und schaffen sich ihre eigene Polizei. Das staatliche Gewaltmonopol wird von unten und von oben ausgehebelt und kann sich nur noch in einem schrumpfenden Mittelbereich einigermaßen halten.

Die Ungleichheit der Lebensbedingungen kann also ein Ausmaß erreichen, das die staatlichen Sicherheitsorgane überfordert. Es gibt ein Maß an Ungleichheit, das ohne privatisierte Gewalt gar nicht auskommt. Ist dieses Maß erreicht, erodiert das staatliche Gewaltmonopol, manchmal bis zum völligen Verschwinden. Da die privatisierte Gegengewalt immer in der Gefahr ist, die Methoden der Gewalt zu übernehmen, die sie bekämpft, endet dies in manchen Fällen in ungehemmter Gesetzlosigkeit.

III. Schon 1991 hat Jean Christophe Rufin die Folgen extremer Ungleichheit innerhalb und zwischen den Gesellschaften beschrieben und die Folgen vorausgesagt (*L'empire et les nouveaux barbares*, deutsch *Das Reich und die neuen Barbaren*).

Bei seiner Arbeit in den Ländern des Südens war ihm aufgefallen, daß »die betretbaren Gebiete schrumpfen«. Überall in Afrika und Asien, so berichtet Rufin, »erzählen erfahrene Leute gern, wie man früher an diesen oder jenen Ort gelangen konnte, der unterdes unzugänglich geworden sei« (S. 32). Diese Gegenden, so schrieb er, stünden nicht mehr »unter der Kontrolle der regulären Behörden«, sie hätten sich »aus jeglicher Zentralgewalt herausgelöst« (S. 45). Die Zeit der »wohlerzogenen Guerillas«, also der idealistischen Kämpfer für die Entrechteten und Unterdrückten, sei zu Ende, jetzt werde der Terror »allgemeine Regel«. Dabei war übrigens nicht der Terror gemeint, dem George Bush den Krieg erklärt hat, sondern der, den heute die Warlords rund um den Globus ausüben, mit dem sie die Menschen einschüchtern, die in ihre Gewalt geraten sind. Er herrscht nach Rufin auch in den Slums. Das Schlimmste dort sei nicht der Hunger, sondern »die Angst, der dumpfe Zwang, die Drohungen, das erpresste Schweigen, der gewaltsame Tod« (S. 51).

Aber Rufin interessierte sich vor allem für die Folgen der Kluft zwischen armem Süden und reichem Norden. So wie die Reichen in den Metropolen des Südens – und inzwischen auch des Nordens – sich verschanzten, so schotte sich der Norden vom Süden ab. Er baue, wie die Römer der Kaiserzeit, einen Limes gegen die Barbaren. Hier das geordnete, zivilisierte Reich (»empire«), dort die Barbaren, der Bereich chaotischer Gewalt.

Die Idee der »Entwicklung«, erst 1948 durch Präsident Truman wirksam geworden, habe neben manchen Fehlern den Vorteil gehabt, »die divergierenden Welten des Nordens und des Südens einander anzugleichen« (S. 228). Werde die Vorstellung einer Entwicklung aufgegeben, führe die Limesideologie dazu, die beiden noch schärfer zu trennen.

Als Antwort darauf entfalteten sich im Süden die »Ideologien des Bruchs«. Sie könnten sich als religiöse oder nationalistische Bewegungen darstellen, wichtig sei immer »der

Bruch mit den griechisch-lateinischen Idealen«. Als Beispiel nennt Rufin den Iran der Ayatollahs.

Vielleicht tun wir gut daran, den muslimischen Fundamentalismus und Extremismus als solch eine »Ideologie des Bruchs« zu verstehen. Sogar wenn es gelänge, sie vollständig zu überwinden – was natürlich nie geschieht –, so würde er, denkt man Rufin zu Ende, sofort durch eine andere »Ideologie des Bruchs« abgelöst, es sei denn, der Norden lasse glaubhaft erkennen, daß sein Ziel die Heilung des Bruchs ist.

Die Mörder und Selbstmörder der Al Qaida haben mit allem gebrochen, was an die »griechisch-lateinischen Ideale« auch nur von ferne erinnert: mit jeder Form von Recht und Moral, mit Menschenrechten und Humanität. Sie sind in unseren Augen Verbrecher, und sie müssen es bleiben. Das darf uns nicht daran hindern, über den Bruch nachzudenken, der auch dieser perversen Ideologie zugrunde liegt. Um ihn zu heilen, bedarf es nicht nur des mehr oder minder offenen und redlichen Dialogs – sofern es dafür Partner gibt. Es bedarf einer Nord-Süd-Politik mit dem Stellenwert, den vor 1989 die Ost-West-Politik hatte. Der globalisierte Markt heilt den Bruch nicht, er vertieft ihn.

IV. Zumindest indem sie eine solche Nord-Süd-Politik für gänzlich überflüssig erklärt und verhindert hat, gehört die neoliberale Welle der letzten beiden Jahrzehnte zu den Auslösern für die Privatisierung der Gewalt. Aber nicht nur deshalb.

Der Staat hat in der neoliberalen Ideologie vor allem die Funktion der Bremse für den Markt. Der Markt, so postuliert sie, ist in seinen Wirkungen um so wohltätiger, je weniger er reguliert und damit in seiner Dynamik gehemmt wird. Da es nun einmal Sache des Staates ist, zu regulieren – vom Straßenverkehr über die kommunalen Bebauungspläne bis zum Paßwesen und den Staatsexamina –, wird der Staat zu einem keineswegs immer notwendigen Übel.

Einer europäischen Demokratie muß eine neoliberale Welle, wenn sie früh genug auf Gegenwind stößt, gar nicht schaden. Da wird es immer etwas zu deregulieren geben, was vielleicht einmal einen Sinn hatte, seine ursprüngliche Funktion aber um Jahrzehnte überlebt hat. Im übrigen sind vor allem westeuropäische Staaten – man denke an Frankreich – so im Bewußtsein ihrer Bürger präsent, daß sie nicht so rasch zusammenbrechen. Sie verlieren nur einen Teil ihrer Handlungsfähigkeit – und ihrer Steuern –, wenn sie als einer von vielen Standorten um das weltweit agierende Kapital konkurrieren müssen.

Anders steht es da, wo junge, zerbrechliche, »weiche« Staaten um ihre Existenz kämpfen müssen. Da reichen wenige Stöße, um den Unheilszirkel von Gewaltprivatisierung und Staatsverfall in Gang zu setzen. Die Leichtfertigkeit, mit der wir heute vom »failed state« reden, dürfte übrigens auch Folge und Ausdruck neoliberalen Denkens sein. Das englische »fail« hat, wie sein deutsches Pendant »fehlen«, einen starken moralischen Beigeschmack. »Ich habe vielfältig gefehlt« war noch im 19. Jahrhundert ein Sündenbekenntnis. »Fail« kann mit »scheitern« oder mit »versagen« übersetzt werden. Beide Übersetzungen, die zweite mehr als die erste, enthalten eine moralische Komponente: Da ist jemand seinen Aufgaben nicht gerecht geworden. Für »failed« steht im Lexikon »nicht bestanden, durchgefallen«. Ein »failed state« ist also ein durchgefallener Staat, einer, der seine Prüfung nicht bestanden hat. Der Staat wird behandelt wie eine – versagende – Person. Wer durch die Prüfung fällt, ist selber schuld. Aber ein Prüfling, der durchgefallen ist, lebt noch, kann es noch einmal versuchen oder etwas ganz anderes beginnen. Ein Staat, der durchgefallen ist (failed), existiert nicht mehr, nur noch seine Bewohner. Und denen stehen Leiden bevor, für die dem Westeuropäer das Vorstellungsvermögen fehlt.

Im »failed state« steckt die ganze Geringschätzung des Staates und seiner Funktionen, die in den letzten Jahrzehnten

Mode geworden ist. Der Ausdruck erspart es uns zu fragen, ob wir denn bei dieser Prüfung hätten helfen können. Das darf man bei einer Prüfung bekanntlich nicht. Er lenkt davon ab, daß Staatsverfall ein langsamer Prozeß ist, in den man sehr wohl eingreifen kann, und zwar beschleunigend und bremsend. Wer redet von »failing state?« Das könnte zu der Frage führen: Was tun wir, damit aus dem »failing state« nicht der »failed state« wird?

Wir haben im Westen aus dem manchmal recht praktischen und hilfreichen Mittel der Privatisierung ein Prinzip gemacht. Im Zweifel war alles in Privathand besser aufgehoben als in öffentlicher Hand. Da mochte es ein paar Ausnahmen geben, aber darüber zu diskutieren lohnte sich nicht. Sollte man auf Grenzen stoßen, würde man das schon merken. Und die Gewalt war eben keine Grenze. Ihre Privatisierung schritt auch in westlichen Industrieländern zügig voran. Die privaten Dienste hielten sich ja an die Gesetze. Und warum sollte in Nigeria schädlich und gefährlich sein, was in den USA funktionierte?

Mary Kaldor, von der die bislang solideste Beschreibung privatisierter Gewalt stammt, sieht den Zusammenhang mit neoliberalen Strömungen so:

»Die neoliberalen Maßnahmen erhöhten die Arbeitslosigkeit, den Ressourcenverbrauch und die Einkommensunterschiede und schufen damit ein Milieu, in dem sich Kriminalität, Korruptionskartelle, Schwarzmarkthändler, Waffen- und Drogenschmuggler usw. ausbreiten konnten. In Ländern, in denen der Staat weite Teile der Wirtschaft kontrollierte und autonome Institutionen zur Marktintervention schlichtweg nicht vorhanden sind, bedeutet ›strukturelle Anpassung‹ oder ›Übergang zur Marktwirtschaft‹ realiter die Abwesenheit jedweder Form von Regulierung. Im großen und ganzen führt ›mehr Markt‹ nicht zu neuen, eigenständigen produktiven Unternehmen, sondern vielmehr zu Korruption, Spekulation und Verbrechen.« (*Neue und alte Kriege*, a. a. O., S. 132)

Mary Kaldors Fazit ist wenig hoffnungsvoll. Sie konstatiert in einem wachsenden Teil der Erde »stacheldrahtbewehrte Inseln der Zivilität inmitten allgegenwärtiger Gewalt« (a. a. O., S. 237).

Dem könnte und müßte »kosmopolitische Rechtsdurchsetzung« ein Ende setzen. Klar ist auch ihr: Die Gewalt, für die der Nationalstaat ein Monopol in Anspruch nimmt, läßt sich sehr viel leichter ent-staatlichen und privatisieren, als wieder verstaatlichen. Um zu einer »entité chaotique ingouvernable« zu kommen, braucht es wenig: Armut, Korruption, Amtsmißbrauch, falsche Anweisungen des Währungsfonds und ein paar hartgesottene Warlords, die sich die Empörung der Menschen zunutze machen. Um dem Chaos wieder ein geordnetes Gemeinwesen abzuringen, braucht es sehr viel Zeit und wohl auch eine Autorität von außen. Dies kann und wird nicht das Machtwort einer Supermacht sein, sondern nur eine internationale Autorität, sei sie regional begründet oder bei den Vereinten Nationen angesiedelt.

Kapitel 7

Jenseits von Krieg und Frieden

I. Ist das, was wir als privatisierte, kommerzialisierte Gewalt beschrieben haben, als »violence«, die sich als legitime »power« ausgibt, Krieg? Führen die Warlords in Westafrika, die ihren Beritt ausplündern, mit Diamanten handeln und gelegentlich auch Scharmützel wagen mit anderen Kriegsherren, Krieg? War das Gemetzel in Ruanda Krieg? Sind die Bakassi-Boys in Nigeria Krieger? Sie vielleicht nicht, aber doch Bin Laden? War die Geiselnahme der zwanzig Touristen durch Abu Sayyaf möglicherweise kein Krieg, aber die Gefechte der Geiselnehmer mit den Regierungstruppen?

Oder ist es ganz und gar gleichgültig, welche Benennung wir wählen? Mag es jeder halten, wie er will, je nachdem, wie er »Krieg« definiert. Schließlich war Krieg vor 350 Jahren etwas anderes als im 20. Jahrhundert. Vielleicht steht uns eine neue, gleichzeitig uralte Form des Krieges bevor?
So darf eine kluge Wissenschaftlerin wie Mary Kaldor argumentieren. Wer fünfzig Jahre Politik hinter sich hat, wer in politischen Kategorien denken gelernt hat, darf es nicht. Politik hat es mit Zukunft zu tun, sie will Zukunft meistern. Also kommt es darauf an, wie sich eine Benennung auswirkt auf das, was in Zukunft zu leisten ist. Politik ist, ob sie will oder nicht, Benennungshandeln. Wer etwas benennt, wertet. Und wer wertet, bereitet Entscheidungen vor. Als vor einem halben Jahrhundert darüber gestritten wurde, ob die Bundesrepublik Deutschland wieder eine Armee haben solle, sprachen die Gegner dieser Idee von »Wiederaufrüstung« oder gar von »Remilitarisierung«. Diese Begriffe erinnerten daran, daß kaum fünf Jahre vergangen waren, seit die Wehrmacht kapituliert hatte, seit die Alliierten den deutschen Mi-

litarismus für immer mit Stumpf und Stiel ausrotten wollten. Und nun? Daran erinnerte das Wort »Wiederaufrüstung«. Konrad Adenauer ließ sich darauf nicht ein. Er sprach vom »Verteidigungsbeitrag«. Da gab es den bedrohlichen Feind im Osten. Europa und die westliche Welt mußten sich zur Wehr setzen, und dazu hatten auch die geschlagenen Deutschen, soweit sie in den Westzonen lebten, ihren Beitrag zu leisten. Beide Bezeichnungen, »Wiederaufrüstung« und »Verteidigungsbeitrag«, benannten einen Teil der Wirklichkeit. Die eine setzte das, was zur Entscheidung stand, in eine Beziehung zur jüngsten Vergangenheit – und das war legitim. Die andere benannte den Zweck der neuen Rüstung. Das war auch legitim. Was da bevorstand, hatte viele Aspekte, die sich in Bezeichnungen niederschlugen. Aber indem um die Benennung gestritten wurde, tobte der Streit um die Entscheidung in der Sache. Als sich das Wort »Verteidigungsbeitrag« durchgesetzt hatte, war der Kanzler nicht mehr zu schlagen.

So enthält die Frage, ob privatisierte Gewalt einfach eine vergessene Form des Krieges sei, schon einen Teil der Entscheidung darüber, was wir hinnehmen wollen. Meinen wir: Kriege hat es immer gegeben, wird es immer geben, also müssen wir uns eben mit einer neuen Form des Krieges abfinden? Oder halten wir daran fest: Privatisierte Gewalt darf es nicht geben? Bestehen wir darauf, daß, wer privatisierte Gewalt gegen staatliche Gewalt setzt, vor den Richter gehört?

II. Es geht also nicht nur darum, ob der Begriff »Krieg« wissenschaftlich korrekt ist. Man muß nicht auf die Definition des Krieges im neuesten *Brockhaus* pochen, wo einfach festgestellt wird, Krieg sei »bewaffnete Auseinandersetzung zwischen Staaten« und Bürgerkrieg »innerhalb eines Staates mit Waffen ausgetragener Machtkampf streitender Parteien«. Man mag einwenden, daß im 14. oder 15. Jahrhundert manches als Krieg galt, was dieser Definition nicht entspricht.

Sicher ist der Begriff des Krieges nicht immun gegen Wandlungen seiner Bedeutung. Die Eroberungskriege der Römer verliefen anders als die Italienzüge der Stauferkaiser oder die Feldzüge des Preußenkönigs Friedrich II., und all diese Kriege zusammen unterschieden sich von den Weltkriegen des 20. Jahrhunderts. Sogar ein und derselbe Staat führte verschiedene Kriege. Der Kampf zwischen Rom und Karthago war etwas anderes als die römischen Eroberungs- und Befriedungskriege östlich des Rheins. Hitlers Krieg gegen Frankreich war noch kein Vernichtungskrieg, der gegen die Sowjetunion war es vom ersten Tag an.

Aber all diese Kriege hatten gemeinsame Züge. Sie wurden von Staaten geführt, und die hatten ihre Kriegsziele. Sie wurden, ob feierlich erklärt oder nicht, durch politische Entscheidungen begonnen und beendet. Es gab Hierarchien, die Befehle übermittelten, so daß auch Verantwortlichkeiten erkennbar wurden. Es gab jemanden, der, für alle verbindlich, den Krieg beenden konnte, und sei es in der Form der bedingungslosen Kapitulation.

All diese Merkmale fehlen bei der privatisierten Gewalt.

Was wir jetzt erleben, ist nicht nur eine von vielen Wandlungen des Krieges. Wenn ein Anschlag auf das World Trade Centre mißlingt, redet niemand vom Krieg. Wenn er gelingt, reden alle davon. Wenn kriminelle Fanatiker ein Verkehrsflugzeug über Schottland abstürzen lassen, ist nur von Kriminalität, nicht von Krieg die Rede. Wenn zwei Verkehrsflugzeuge in Wolkenkratzer rasen, ist es Krieg. Ist Krieg dann eine Frage der Quantitäten? Wenn fünf Gangster ein Hotel überfallen, ist dies eine Sache für die Polizei, kein Krieg. Wenn 500 Gangster eine kleine Stadt überfallen, dann ist dies Krieg? Wie viele Geiseln müssen auf einmal gekidnapt werden, damit wir von Krieg reden?

III. Bürgerkrieg ist, genau wie Krieg, auf einen Staat – oder mehrere – bezogen. Im Spanischen Bürgerkrieg (1936-1939) wurde mit Waffen entschieden, wer in Madrid regieren sollte. Die Tschetschenen behaupten von sich, sie führten einen Bürgerkrieg, denn sie wollen einen eigenen Staat. Keine russische Regierung hat dies anerkannt. Alle haben auf die kriminellen Methoden der Rebellen verwiesen, auch auf das Fehlen einer einheitlichen und verantwortlichen Führung, die für alle zu sprechen und also Frieden zu schließen vermöchte.

Wo die organisierte Gewalt, wie in Teilen Afrikas, gänzlich privatisiert und kommerzialisiert ist, wird der Staat nur noch als Hindernis und Gefährdung wahrgenommen, allenfalls als Beute. Kommerzialisierte Gewalt zielt auf keinen Staat, denn der könnte ja die Gewalt wieder verstaatlichen. Bürgerkrieg setzt Parteien voraus, die bestimmte politische Ziele haben, vor allem aber Befehlsstrukturen, in und mit denen über das Ende des Bürgerkriegs gesprochen werden kann. Das ist bei der privatisierten Gewalt unserer Tage nicht der Fall. Das läßt sich etwa in Angola zeigen. Wenn ein Zweig der UNITA Frieden schließt, kämpft der andere weiter.

Herfried Münkler, der das neue Phänomen historisch einordnet, stellt zu Recht fest, jetzt gelte die Leitformel des Hugo Grotius nicht mehr: »Pax finis belli.« (*Süddeutsche Zeitung am Wochenende* Nr. 225/2001) Aber diese Formel ist nichts anderes als eine Definition von »Pax« und »bellum«. Krieg ist etwas, was zu Ende ist, wenn Friede verbindlich vereinbart ist. Was nicht durch Frieden beendet und abgelöst werden kann, ist nicht Krieg, auch nicht Bürgerkrieg. Der Zustand, den die privatisierte Gewalt hervorbringt, ist weder Krieg noch Frieden. Er sprengt unsere gewohnte Begrifflichkeit.

Natürlich, alle Definitionen, auch die des *Brockhaus*, sind zeitbedingt. Aber muß eine Bezeichnung nicht Rücksicht nehmen auf das, was im Bewußtsein der Zeitgenossen lebendig ist? Wo in Deutschland das Wort »Krieg« fällt, kommen Erinnerungen hoch an zwei Weltkriege, an Millionen von Opfern, an zerfetzte Leiber, an plattgebombte Städte. Vor allem aber: Im Bewußtsein der Europäer zu Beginn des 21. Jahrhunderts ist Krieg ganz selbstverständlich mit Staaten verbunden, mit der gegenseitigen Zerfleischung zivilisierter Völker. Daher auch die unbesiegbaren Ängste, die das Wort unweigerlich weckt.

Aber all das steht uns nicht bevor. Die Schüler von heute werden nicht in den Krieg ziehen wie ihre Großväter, weder mit 17 noch mit 37 Jahren, weil es die Kriege des 20. Jahrhunderts, zumindest in Europa, nicht mehr geben wird. Die Jungen, auch in Deutschland, werden aber, wahrscheinlich zeitlebens, mit den Risiken privatisierter Gewalt leben müssen. Diese Tatbestände vernebeln wir, wenn wir der privatisierten Gewalt den Rang des Krieges zuerkennen.

IV. Was außerhalb jeder seriösen Diskussion sein sollte, ist der Tatbestand, daß Krieg und Frieden Gegensätze sind, zwei aufeinander bezogene Begriffe, die sich gegenseitig ausschließen. Das meinte auch Hugo Grotius. Er hätte auch sagen können: »Bellum finis pacis.« Wenn der Krieg beginnt, ist es aus mit dem Frieden. Das klingt banal. Aber es zeigt, daß beide Begriffe nur als Gegensatzpaar einen Sinn ergeben. Wenn sie einen Sinn haben sollen, gibt es nichts dazwischen. Wo es etwas dazwischen gibt, tun wir gut daran, beide Begriffe zu meiden.

Daß die privatisierte Gewalt meist etwas hervorbringt, was »dazwischen« ist, bestreiten auch die Wissenschaftler nicht, die am Begriff des Krieges festhalten. Dies gilt für Herfried Münkler, der davon spricht, daß es schon früher an den Rändern der Großreiche »zu keiner klaren Trennung von Krieg und Frieden« gekommen sei (*Merkur* 3/2001), auch für Martin Hoch, der bei dem, was er »kleine Kriege« nennt, »die Grenzen zwischen Krieg und Frieden... fließend« sieht (*Aus Politik und Zeitgeschichte*, B 20/2001, S. 18). Es gilt auch für Mary Kaldor, deren scharfsinnige Analyse den Titel *Neue und alte Kriege* trägt, allerdings mit dem präzisierenden – und wohl auch korrekteren – Untertitel »Organisierte Gewalt im Zeitalter der Globalisierung«. Kaldor weiß sehr wohl, daß die Unterscheidung zwischen Krieg und Frieden nicht mehr trägt:

»Mit der Erosion der Unterscheidungen zwischen öffentlich und privat, militärisch und zivil, innen und außen wird zugleich die zwischen Krieg und Frieden selbst fragwürdig.« (a. a. O., S. 50)

Und später:
»Da auch politische und ökonomische, militärische und zivile Bereiche sich kaum noch voneinander abgrenzen, läßt sich der Krieg kaum noch vom Frieden unterscheiden.« (S. 175)

Auch Ulrich Beck spricht in seiner Rede vor der Staatsduma in Moskau (November 2001, Frankfurt 2002, S. 31) von einer »Individualisierung des Krieges«. Er meint damit ziemlich genau das, was in diesem Buch »privatisierte Gewalt« genannt wird. Aber auch Beck weiß, daß es gute Gründe gibt, hier nicht mehr von Krieg zu reden. In derselben Rede stellt er, ähnlich wie Mary Kaldor, fest:

»Die unser Weltbild tragenden Unterscheidungen von Krieg und Frieden, Militär und Polizei, Krieg und Verbrechen, innerer und äußerer Sicherheit, ja von innen und außen ganz allgemein sind aufgehoben.« (S. 10)

Wenn dies so ist – und wir haben gesehen, es ist so –, haben dann die beiden Begriffe noch einen Sinn? Krieg ist per definitionem etwas, was sich vom Frieden sehr wohl auf dramatische und schmerzhafte Weise unterscheidet. Kann ein Zustand, der sich vom Frieden nicht unterscheiden läßt, Krieg sein?

Mary Kaldor – und auch das spricht gegen ihre Terminologie – weist überzeugend nach, daß künftig die Aufgaben von Militär und Polizei sich überlappen. Sie fordert sogar, »einen neuen Typ von Soldat und Polizist in einem zu schaffen« (S. 205). Das ist durchaus schlüssig, wenn bei privatisierter Gewalt fundamentalistischer Fanatismus und ausgekochte Kriminalität sich vermengen. Für die innere Ordnung ist die Polizei zuständig, für den Krieg das Militär. Gerade das deutsche Grundgesetz zieht da einen scharfen Trennungsstrich. Sollte dieser Trennungsstrich nicht mehr angemessen sein, dann doch nur, wo eine Gewalt zu bekämpfen ist, die sich der Unterscheidung zwischen Krieg und Frieden entzieht.

V. Damit sind wir bei den politischen Argumenten, die gegen die Bezeichnung »Krieg« und für den ungewohnten Ausdruck »privatisierte Gewalt« sprechen.

Krieg legalisiert das Töten. Der Soldat soll töten, muß manchmal töten, nur um nicht getötet zu werden. Das Morden, das von privatisierter Gewalt ausgeht, darf nicht legalisiert werden.

Der englische Historiker Michael Howard warnt vor der – keineswegs nur rhetorischen – Festlegung, die USA seien »at war« mit den Terroristen, denn »so verleiht man den Terroristen eine Würde, die sie selber zwar erstreben, aber nicht verdienen. Ihnen wird Legitimität zuteil.« (*Rheinischer Merkur* 4/2002, S. 10)

Daher ist es widersinnig, Verbrecher in den Rang von Kriegführenden zu erheben. Das bedeutet nicht, daß man, wenn es opportun und human ist, Regeln des Kriegsrechts nicht anwenden dürfte. Man muß gefangene Aufständische, die sich für Freiheitskämpfer halten und die bei der regulären

Armee als Terroristen gelten, nicht sofort erschießen. Man kann sie gefangennehmen, wie es das Kriegsrecht vorsieht, auch wenn sie darauf keinen Anspruch haben. Aber die Mörder von Ruanda müssen, soweit man ihrer habhaft wird, als Verbrecher gerichtet werden. Sie waren eben keine Krieger, sondern Mörder. Für sie gab es keine Menschenrechte, nicht einmal das Recht auf Leben. Und die Soldateska, die im Kongo wütet, muß wissen, daß sie für ihre Verbrechen bestraft wird, wenn es gelingen sollte, dort wieder eine Rechtsordnung aufzurichten. Sie darf sich nicht darauf berufen können, im Krieg sei eben das Töten unvermeidlich.

Es war wohl auch nicht klug, den Krieg gegen Al Qaida auszurufen, denn das war die Terminologie Bin Ladens. Er maßte sich an, einer Weltmacht den Krieg zu erklären. Mußte diese Weltmacht ihm den Rang eines Kriegführenden, wenn nicht rechtlich, so doch im Bewußtsein der Weltöffentlichkeit offiziell zugestehen?

Die Vokabel »Krieg« führt auch zu Mißverständnissen. Krieg ist Sache des Militärs. Die Bekämpfung privatisierter Gewalt kann manchmal auch das Eingreifen des Militärs erfordern, aber nur, wo die Polizei überfordert ist oder wo es keine Polizei mehr gibt. Für die Überwindung privatisierter Gewalt ist zuerst die Politik zuständig, in den einzelnen Staaten, soweit es sie noch gibt, dann auch in den Weltregionen, schließlich in den Vereinten Nationen. Die Politik muß dafür sorgen, daß Justiz und Polizei ihren Aufgaben gerecht werden können. Sie kann sich auf Geheimdienste stützen. Das Wort »Krieg« kann Illusionen wecken, bei den Militärs die Illusion, nun sei das gefordert, was sie gelernt haben, nämlich der Krieg im Stil des 20. Jahrhunderts, bei Politikern die Illusion, sie könnten zumindest zeitweise ihre Verantwortung an die Militärs delegieren.

Aber auch für alle, die Krieg direkt oder indirekt als Orgie des Todes erfahren haben, ist dieses Wort ein verhängnisvolles Signal. Millionen von Menschen, nicht nur eingefleischte Pazifisten, reagieren auf das Wort »Krieg« ohne weitere Überlegung mit einem unmißverständlichen und oft auch pathetischen Nein. Dieses Nein gilt für jede »kriegerische« Intervention. Nachher stellt sich dann meist heraus, daß die Soldaten, die gegen heftigen Widerstand »in den Krieg« entsandt wurden, gar nicht in Kriegshandlungen verwickelt werden. Selbst seriöse Journalisten nannten die Bereitstellung von 3900 Soldaten der Bundeswehr für die Terrorbekämpfung einen »Kriegsbeschluß«. Aber ist es Krieg, wenn ein paar Fregatten am Horn von Afrika den Auftrag bekommen, Boote mit illegalen Waffentransporten abzufangen? Ist das nicht eher militärischer Polizeidienst?

Noch im Kalten Krieg zwischen atomar gerüsteten Supermächten bedeutete Krieg nichts anderes als Tod, Frieden bedeutete Leben. Wo die Eindämmung oder Bekämpfung von privatisierter Gewalt militärische Kräfte nötig macht, gehen diese in den meisten Fällen nicht mehr Risiken ein als die Polizisten in Hamburg oder München, die Schmugglerringe ausheben oder Raubmörder jagen müssen. Das ist keineswegs ungefährlich. Wer den absolut risikolosen Einsatz der Bundeswehr verlangt, dürfte früher oder später den Protest der Polizei herausfordern. Beide haben nämlich Ähnliches zu leisten. Denn fast überall, wo die Bundeswehr im Ausland tätig wird, übernimmt sie Ordnungsaufgaben, für die normalerweise die Polizei ausgebildet wird. Das ist so in Bosnien, im Kosovo, in Mazedonien, in Afghanistan.

Das Militär wird immer mehr zur Hilfspolizei einer erzwungenen Welt-Innenpolitik. Wie sollen die Menschen, deren Horror vor dem Krieg nur zu verständlich ist, dies begreifen, wenn sie dauernd mit dem Wort »Krieg« geschreckt werden?

VI. So spricht sehr vieles dafür, nicht vom »privatisierten Krieg« zu sprechen, sondern von der »privatisierten Gewalt«. Nur so wird das fundamental Neue sichtbar, das an die Stelle der Kriege des 20. Jahrhunderts getreten ist. Nur so läßt sich ein Umdenken beschleunigen, für das die Ereignisse uns wenig Zeit einräumen. Nur so können wir aus einem epochalen Wandel rechtzeitig die richtigen Folgerungen ziehen.

Das Umdenken, das uns abverlangt wird, muß allerdings nicht nur die Hürden überwinden, die jedem Umdenken im Wege sind: Denkgewohnheiten, die über Generationen sich verfestigt haben, dazu ein geistiges Beharrungsvermögen, das manchmal auch nützlich sein mag. Dazu kommen Interessen, in diesem Fall sehr unterschiedliche, ja gegensätzliche.

Natürlich werden einige Ökonomen stutzig werden und Gefahr wittern: Wenn es stimmen sollte, daß die Privatisierung der Gewalt eine bedrohliche Sache ist, die in der »entité chaotique ingouvernable« enden kann, könnte dann nicht auch das heilsame Prinzip Privatisierung angefochten werden? Könnte nicht die ganze neoliberale Utopie vom weltweiten Wohlstand durch weltweiten Wettbewerb auf deregulierten, globalen Märkten verblassen?

Auch für die Kirchen ist es nicht gleichgültig, ob wir privatisierter Gewalt den Rang des Krieges verleihen. Die theologische Diskussion muß sich lösen von der Frage, ob ein »gerechter Krieg« denkbar und definierbar sei. Auch ein »Nein« auf diese Frage hilft wenig, wenn die Kriege, mit denen Theologen sich über ein halbes Jahrhundert gequält haben, nicht mehr stattfinden. Wer privatisierte Gewalt als Krieg gelten läßt, lenkt von der jetzt entscheidenden Frage ab: Darf man privatisierter Gewalt mit legitimer Gewalt entgegentreten? Gibt es einen qualitativen, ethisch relevanten Unterschied zwischen privater »violence« und legaler »force«, sei diese nun nationalstaatlichen oder multilateralen Ursprungs?

Immerhin hat der Zentralausschuß des Ökumenischen Rates der Kirchen im Januar 2001 in Potsdam die 1998 beschlossene »Dekade zur Überwindung der Gewalt« eröffnet, also nicht nur eine Dekade zur Überwindung des Krieges. Offenbar ist auch für die Kirchen der Krieg nur noch eine von mehreren Formen der Gewalt.

Folgt man allerdings der Interpretation durch den Generalsekretär des ökumenischen Rates, Konrad Raiser, so sucht man vergebens nach einer Unterscheidung zwischen legitimer und illegitimer Gewalt. Nach Raiser kennzeichnet die Dekade »der bewußte Verzicht auf jede theologische Rechtfertigung von Gewalt« (*Jahrbuch der Menschenrechte*, 2002, S. 133). Die Kirchen wollen nicht mehr die Waffen der Krieger segnen. Das ist nur allzu verständlich.

Aber jede staatliche Ordnung beruht darauf, daß sie zwischen legaler und illegaler Gewalt unterscheidet. Es ist doch wohl unstrittig, daß die »Violence« von Geiselgangstern nicht zu rechtfertigen ist, wohl aber die »force«, die nötig werden kann, um die Geiseln zu befreien. Natürlich verlangt die Überwindung der Gewalt auch eine »Spiritualität von Versöhnung und aktiver Gewaltfreiheit« (Raiser). Aber kann solche Spiritualität auch da wachsen, wo die gesetzlose Willkür geldgieriger Warlords über Leben und Tod entscheidet? Läßt sich Gewalt überwinden, ehe man sie dem Recht unterworfen hat? Und läßt sich die Gewalt, die dafür nötig werden kann, wirklich so wenig rechtfertigen wie die Kriege des 20. Jahrhunderts? Natürlich muß und darf die christliche Predigt sich konzentrieren auf die gewaltlose Überwindung der Gewalt. Aber sie muß auch denen etwas zu sagen haben, deren Pflicht es ist, jede Art von Gewalt erst einmal dem Recht zu unterwerfen.

Wer zeit seines Lebens über Krieg und Frieden, über die Möglichkeit oder Unmöglichkeit eines gerechten Krieges nachgedacht hat, läßt sich nicht so gerne auf eine Analyse ein, die allen Ernstes behauptet, der größere Teil der Gewalt spiele sich schon heute und noch mehr in den nächsten Jahrzehnten in einem Bereich ab, der weder Krieg noch Frieden genannt zu werden verdiene, vielleicht gleich weit entfernt sei vom verheißenen »Frieden auf Erden« wie von den Weltkriegen, die wir knapp überlebt haben.

Aber der 11. September 2001 und seine Nachwehen zwingen uns, innerhalb von Monaten etwas zu begreifen, wozu die Menschheit in früheren Epochen sich Jahrzehnte Zeit hätte nehmen können.

Kapitel 8
Erzwungene Welt-Innenpolitik

I. In den siebziger Jahren des 20. Jahrhunderts hat der Physiker und Philosoph Carl Friedrich von Weizsäcker mit der Vision einer »Welt-Innenpolitik« weit vorausgedacht. Natürlich warfen ihm die Politiker und Gazetten, die sich auf ihren Realismus einiges zugute hielten, Schwärmerei vor. Noch werde die Musik in und von den souveränen Nationalstaaten gemacht, vor allem von den hochgerüsteten, und das waren damals die beiden Supermächte USA und Sowjetunion. Welt-Innenpolitik, das sei der Traum von einer globalen Idylle.

Da half auch der Einwand nicht, von Idylle könne keine Rede sein, schließlich sei auch die deutsche Innenpolitik (damals der Kampf des Oppositionsführers Rainer Barzel gegen den Kanzler Willy Brandt) alles andere als idyllisch. Und natürlich werde es Welt-Innenpolitik vor allem mit Spannungen, gegensätzlichen Interessen und immer wieder mit Konflikten zu tun haben, bewaffneten und unbewaffneten.

Natürlich meinte Weizsäcker nicht den perfekten, möglicherweise sogar zentralistisch regierten Weltstaat, wo alles nach einer Pfeife tanzt. Er wußte genau, daß der Nationalstaat noch lange nicht am Ende war, daß er das 20. Jahrhundert lange überleben würde. Aber er meinte, daß die Idee der Staatssouveränität – und ihre völkerrechtliche Ausformung und Fixierung – nicht mehr zeitgemäß seien. Er wollte, daß alle Staaten anerkennen, wie sehr sie voneinander abhängig sind (Interdependenz). Er, der sich zeitweise auch des Deutschen Entwicklungsdiensts annahm, wollte, daß endlich die gemeinsame Verantwortung für die Zukunft aller Menschen in Nord und Süd wahrgenommen wird, und zwar für deren materielle Grundbedürfnisse wie für deren Sicherheit. Und er wollte, daß im Rahmen der Vereinten Nationen die Instrumente und Institutionen entstehen, die dazu nötig sind. Vor allem wollte er, daß wir uns alle als Bewohner eines einzigen, wunderschönen, aber höchst verletzlichen Globus verstehen und im Sinne dessen handeln, was später die Brundtland-Kommission der UN »sustainable development« nannte.

Inzwischen war es still geworden um die Anregung Weizsäckers. Nach 1990 wollte die einzige verbliebene Supermacht ihre Hegemonie ausbauen und in ungestörter Souveränität ihre nationalen Interessen durch nationale Entscheidungen wahren. Europa war mit seiner Einigung beschäftigt, Ostasien mit dem Aufbau seiner Wirtschaft. Im übrigen begann eine Epoche des Marktes, nicht der Politik.

II. In den späten neunziger Jahren sprach man dann von der Notwendigkeit einer »global governance« und meinte damit wieder nicht eine Weltregierung, sondern etwas Ähnliches wie Weizsäcker, dazu natürlich die Steuerung und Kontrolle global gewordener dynamischer Märkte.

Denn inzwischen war im Gange, was in den siebziger Jahren noch durch den Kalten Krieg gehemmt oder blockiert worden war: die Globalisierung. Der Globus wurde, wenigstens auf dem Gebiet der Wirtschaft und der Medien, als in sich geschlossenes Ganzes, als Einheit erfahren. Der globale Warenmarkt war nicht neu, wohl aber der globale Finanzmarkt, der globale Aktienmarkt, Ansätze zu einem globalen Arbeitsmarkt. Dazu kam die globale Präsenz von Medien, die, wie CNN, rund um die Uhr mit Information und Meinung zur Stelle sind, die globale Kommunikation über Fax und Internet. Kurz: Technik und Wirtschaft waren der Politik davongerannt. Es gab keine Welt-Innenpolitik, aber sie war nötiger denn je. Was ihr im Wege stand, war das ungebrochene und oft auch unbegrenzte Vertrauen in die Märkte. Sie hatten sich globalisiert, und zwar ohne Welt-Innenpolitik, ohne Welt-Wirtschaftspolitik. Und das war, wie viele hinzu-setzten, das Beste, was uns widerfahren konnte.

Aber ganz so gut war es dann doch nicht, wie die Wirt-schaftskrisen in Ostasien, Südostasien und Lateinamerika zeigten. In Davos, wo sich jedes Jahr mitten im Winter die Großen der Weltwirtschaft und der ökonomischen Wissen-schaft treffen, begann man nach der Politik zu rufen. Aber es geschah wenig. Schließlich hatte man die Großen Sieben, aus denen inzwischen die Großen Acht geworden waren. Das, was zu richten war, würden sie schon richten, und zwar im Interesse der Global Players.

Bis dann am 11. September 2001 ganze 19 (neunzehn) Mörder und Selbstmörder, mit Messern bewaffnet, vier Ver-kehrsflugzeuge zu Bomben umfunktionierten. Jetzt wurde klar, daß zu den globalen Waren- und Finanzmärkten auch ein globaler Gewaltmarkt getreten war. Es gab finanzkräftige Gewaltunternehmer, die imstande waren, Tausende umzu-bringen, eine Weltmacht zu demütigen und die Wirtschafts-zentrale der Welt lahmzulegen. Nicht nur auf den Weltmee-ren, auch in den Weltstädten war man seines Lebens nicht mehr sicher. Privatisierter Terror, in den armen Ländern längst alltägliche Qual, hatte Nordamerika erreicht. Plötzlich wurde uns bewußt, daß die »Weltrisikogesellschaft« (Ulrich Beck) die Kehrseite der ökonomischen Globalisierung ist.

Jetzt ertönte der Ruf nach Zusammenarbeit aller zivilisier-ten Regierungen: »Staaten aller Kontinente, vereinigt euch gegen einen Terror, der an die Fundamente unserer Zivilisa-tion will!« Der Sicherheitsrat gab mit ungewohnter Eile den Vereinigten Staaten all die Vollmachten zum »Krieg gegen den Terrorismus«, die sie verlangten. Er agierte plötzlich wie das Parlament eines bedrohten Staates. Fragen der Souveräni-tät, etwa Afghanistans, waren plötzlich unwichtig. Weltweite Solidarität – ein Stichwort, das schon Carl Friedrich von Weizsäcker benutzt hatte – war in aller Munde, oft mit Attri-buten wie »uneingeschränkt«, »unbedingt« oder gar »absolut« geschmückt und verstärkt. Sollte sich einmal eine Welt-Innenpolitik durchsetzen und etablieren, dann könnte der 11. September 2001 seine Geburtsstunde sein. Es ist die Weltrisikogesellschaft, welche Welt-Innenpolitik erzwingen könnte.

III. Ob es so kommt, ist ungewiß. Sicher ist nur, daß es noch nie bessere Gründe dafür gab als nach den Anschlägen von New York und Washington. Noch nie war so unumstritten, daß Staatsorgane, Ministerien, Geheimdienste, Staatsanwaltschaften der verschiedensten Länder zusammenarbeiten müssen. Noch nie wurde der Notwendigkeit von bewaffneten Interventionen – in mehr oder minder souveräne Staaten – so wenig widersprochen. Noch nie war der Gedanke an so etwas wie eine Weltpolizei populärer, jedenfalls außerhalb der Vereinigten Staaten. Noch nie war deren Widerstand gegen einen Welt-Strafgerichtshof so schwer verständlich. Noch nie war die Entschlossenheit, privatisierte Gewalt zu brechen oder sie dem Recht zu unterwerfen, so ausgeprägt. Manchmal wird dabei sogar die Bändigung staatlicher Gewalt vernachlässigt.

Jetzt müßte sich entscheiden, wohin die Reise im ersten Drittel des 21. Jahrhunderts geht, nicht nur für Europa. Wird aus der Rhetorik vom »Krieg gegen den Terrorismus bis zum Sieg!« unilateraler, destruktiver Ernst? Werden B-52-Bomber Land für Land aus riesiger Höhe, für jede Abwehr unerreichbar, alles zerbomben, was etwas mit dem Terrornetz Al Qaida zu tun haben könnte? Wird diese Form der Kriegführung des 20. Jahrhunderts, die alle Betroffenen besonders demütigt, weil sie sich nicht wehren, dem Feind nicht einmal Verluste zufügen können – wird diese deklassierende Form der Kriegführung einfach ins 21. Jahrhundert übernommen und als probates Mittel gegen einen Terror verwandt, der genau von dem Haß lebt, der sich vom Gefühl der Demütigung und Deklassierung nährt?

Viele als kompetent ausgewiesene Beobachter hatten gefürchtet, daß sich diese Methode schon in Afghanistan als kontraproduktiv erweisen könnte. Sie befürchteten eine Solidarisierung der Bevölkerung mit den ungeliebten Herrschern. Aber zum einen waren die Taliban inzwischen so verhaßt, daß auch gemeinsam erlittene Bombardements sie nicht populärer machen konnten, zum andern stand für viele Muslime – innerhalb und außerhalb Afghanistans – außer Zweifel, daß die Taliban Bin Laden näher waren, als dies bei toleranten Gastgebern üblich ist. Der Zusammenhang des Massakers von New York mit den Bomben auf Kandahar war erkennbar.

Daß die afghanischen Stämme sich nicht zu Leidens- und Kampfgenossen der Taliban bomben ließen, hat ihren Landsleuten viel erspart. Die in diesem Land das Recht des Stärkeren für sich in Anspruch nahmen, mußten erfahren, daß es noch Stärkere gibt. So hat Afghanistan nach zwei Jahrzehnten der Gewalt nur durch Gewalt eine neue Chance bekommen können, auch die Chance, gegen privatisierte Gewalt wieder einen Staat aufzubauen, der die Gewalt der Warlords zähmen, überwölben und schließlich überwinden soll.

Daß dieser Versuch einer neuen Staatsbildung jede Unterstützung verdient, auch durch europäische Soldaten, hat sogar den Pazifisten im Deutschen Bundestag eingeleuchtet.

IV. Aber es wäre naiv, anderswo Ähnliches zu erwarten. Tausende von Tonnen Bomben aus sicherer Höhe sind mit Sicherheit ungeeignet als Kampfmittel gegen privatisierte Gewalt. Diese Waffe ist viel zu grob, zu wenig zielgenau, zu undifferenziert für diese Aufgabe. Sie kann die Falschen treffen. Um eigene Verluste auf alle Fälle zu vermeiden, nehmen die Bomber den Tod von Zivilisten in Kauf. Damit kann man sie in die Nähe der privatisierten Gewalt rücken. Die allerdings richtet sich zuerst und vor allem gegen Zivilisten. Die Bomberpiloten wollen keine Frauen und Kinder töten, aber sie wissen auch, daß sie es nicht immer vermeiden können.

Jedenfalls: Wer sich den »Krieg gegen den Terrorismus« in der Hauptsache so vorstellen sollte, könnte nur scheitern. Schlimmer noch: Er könnte viele, die als hilflose, wehrlose, zur Passivität verurteilte Kämpfer, vor Angst und Wut weinend, die Bomben überlebt haben, ihre Zuflucht nehmen lassen zu jenen »asymmetrischen« Formen des Kampfes, die wir Terror nennen. Sie könnten ihr Gewissen damit beruhigen, daß die Bomben des Terrors nicht unfairer seien als die Bomben aus unerreichbarer Höhe.

Wer nicht in diese Sackgasse hineinrennen und Freunde davor bewahren will, muß eine Alternative anbieten. Er muß die Kraft finden, eine Gesamtstrategie gegen die privatisierte Gewalt zu entwerfen. Sind wir Europäer besonnen und eigenwillig genug, unsere eigenen Konsequenzen aus der Entstaatlichung der Gewalt zu ziehen? Können wir uns eine Welt-Innenpolitik vorstellen, die damit fertig werden kann?

V. Eine solche Strategie könnte nicht nur Militär und Polizei betreffen, aber sie zuerst: Ihre Stärke, Ausbildung, Bewaffnung, Struktur und Befehlsstränge müßten bedacht werden, ihr Beitrag zu dem, was einmal eine Weltpolizei werden soll. Die militärische Intervention ist neu zu bewerten. Die künftigen Aufgaben eines modernen Pazifismus sind zu bedenken.

Darüber hinaus bleibt uns ein neues Nachdenken über den Staat, sein Gewaltmonopol, seine unaufgebbaren Funktionen nicht erspart. Der demokratische Rechtsstaat erscheint in einem neuen Licht. Es ist nicht mehr die Frage, ob der Staat »stark« sein solle, sondern worin seine Stärke bestehen muß.

Auch die Einigung Europas hat einen Platz in einer solchen Strategie, überhaupt regionale Zusammenschlüsse. Vor allem aber die Vereinten Nationen, der einzig denkbare Kristallisationspunkt für eine Welt-Innenpolitik. Vom Prinzip der Subsidiarität muß die Rede sein, das die verschiedenen Ebenen verbindet. Alles muß so nahe am Bürger geregelt werden wie irgend möglich.

Wenn es aber stimmt, daß es ein Maß an sozialer Ungleichheit gibt, das privatisierte Gewalt auslöst, freisetzt, unvermeidbar macht, dann müßte auch klar werden, wie sich Ungleichheit vemindern läßt, in den einzelnen Gesellschaften und zwischen ihnen. Hier wäre auch das Verhältnis von Markt und Politik zu klären.

All dies soll im folgenden wenigstens skizzenhaft versucht werden.

Kapitel 9
Sicherheit im 21. Jahrhundert

I. Wer in den siebziger Jahren des letzten Jahrhunderts den Kalten Krieg domestizieren und den Rüstungswettlauf zwischen Ost und West abbremsen wollte, forderte Gewaltverzicht. Gemeint war der Verzicht auf Gewaltanwendung zwischen Staaten und zwischen den beiden Bündnissystemen. Alle, auch die einzelnen Staaten, sollten sich gegenseitig versichern, daß sie niemals zuerst Gewalt gegeneinander anwenden würden. Das haben sie dann auch im Zuge der Entspannungspolitik in Verträgen festgeschrieben.

In den achtziger Jahren hieß das Stichwort: Gemeinsame Sicherheit. Jeder Staat – und natürlich die beiden Bündnisse – sollten Verantwortung für die Sicherheit des jeweils anderen übernehmen, beim Streben nach eigener Sicherheit immer auch das Sicherheitsbedürfnis der anderen Seite mit bedenken. Das wäre wohl eines Tages auf ein System kollektiver Sicherheit hinausgelaufen, in welchem jeder Staat für die Sicherheit aller andern hätte einstehen müssen. Aber dann zerbröselte der Warschauer Pakt, die NATO dehnte sich nach Osten aus. Das Thema hatte sich erledigt.

Heute redet in Europa niemand mehr von Gewaltverzicht oder gemeinsamer Sicherheit. Wer Gewaltverzicht verlangt, muß ja Grund zur Befürchtung haben, daß jemand Gewalt gegen den anderen anwendet. Und diese Furcht hat heute niemand mehr, auch nicht vor dem vereinigten Deutschland. Die Forderung nach Gewaltverzicht setzt ein Mißtrauen voraus, das glücklicherweise der Vergangenheit angehört.

Gewaltverzicht basiert ganz selbstverständlich auf der vollen Souveränität der Staaten. Und er meinte auch, daß, wo es innerhalb eines Staates zu bewaffneten Konflikten kommen sollte, niemand von außen eingreifen dürfe. Darauf möchte sich heute im Westen niemand mehr festschwören. Wenn der Begriff »Gemeinsame Sicherheit« in Europa noch vorkäme, dann wäre damit wahrscheinlich die Sicherheit vor wilden Diktaturen, vor »Schurken« im Besitz der Staatsgewalt oder vor privatisierter Gewalt gemeint. Die Europäische Union ist entschlossen, weder das eine noch das andere künftig noch zu dulden, also einzugreifen, wo Menschenrechte gravierend verletzt werden durch ethnische Säuberungen oder die chaotischen Gemetzel privatisierter Gewalt. Aber da stünde das Prinzip des Gewaltverzichts zwischen Staaten eher im Wege.

II. Sicherheit im 21. Jahrhundert bedeutet, zumindest in Europa, immer weniger die Sicherheit von Staaten voreinander – das besorgt nebenher die Ausdehnung von EU und Nato –, es meint immer mehr die Sicherheit der Menschen, der Bürgerinnen und Bürger Europas und der einzelnen Staaten vor der Verletzung ihrer Menschenrechte, ganz gleich, ob diese von einer illegitimen Herrschaft ausgeht oder aber von einem Staatszerfall, der privatisierte, kommerzialisierte, chaotische und meist gesetzlose Gewalt freisetzt. Weltweit wird zwar immer noch Kriegsverhütung nötig werden, etwa zwischen Indien und Pakistan, Nord- und Südkorea, aber häufiger werden die Interventionen sein, wo Staaten zerfallen oder schon zerfallen sind, wo kriminelle Gewalt Menschen tyrannisiert und quält. Ob diese Gewalt die Reste eines Staatsapparats sich dienstbar gemacht oder aber beseitigt hat, ist zweitrangig. In beiden Fällen wirkt das Pochen auf Souveränität nicht überzeugend.

Die Vereinten Nationen sind offiziell immer noch, was sie bei ihrer Gründung waren: ein Zusammenschluß souveräner, autonomer Staaten. Sie sind aber auch, seit der Allgemeinen Erklärung der Menschenrechte 1948, den Menschenrechten verpflichtet. Während die Zweifel am Prinzip der Souveränität von Jahr zu Jahr vielfältiger und einleuchtender geworden sind, werden die Menschenrechte immer häufiger zum Maßstab und zur Begründung praktischer Politik. Darf sich, wer Menschenrechte gröblich verletzt, auf seine Autonomie berufen und jede Einmischung in seine inneren Angelegenheiten empört zurückweisen? Wo die Souveränität nach innen, das Gewaltmonopol, erodiert oder gar nicht mehr besteht, kann das Pochen auf Souveränität nach außen zur Farce werden. Je stärker und begründeter die Zweifel an der Souveränität von Staaten, je brüchiger ihr Gewaltmonopol im Innern, desto überzeugender wird der Maßstab der Menschenrechte. Welt-Innenpolitik bedeutet, daß niemand unter Berufung auf seine Souveränität die Menschenrechte außer Kraft setzen kann. Sicher, die ganz großen Mächte, etwa die Volksrepublik China, haben die Macht, sich jede Einmischung zu verbitten. Aber auch sie dürften mit der Zeit unter den Einfluß einer weltweiten Willensbildung geraten.

Die Priorität der Menschenrechte wird, häufiger als uns lieb ist, zu Interventionen führen. Solange der Sicherheitsrat der Vereinten Nationen darüber zu entscheiden hat, werden dabei Interessen im Spiel sein. Wer solche Interventionen jedoch unbesehen als imperialistisch denunziert und das Prinzip der Souveränität hochhält, könnte sich politisch eines Tages in einer reaktionären Ecke wiederfinden, in die er nicht gehört.

Die Notwendigkeit des Intervenierens wird häufig weniger im Streit sein als die Frage, ob ein Eingreifen praktikabel und erfolgversprechend oder aber sinnlos, gefährlich und möglicherweise kontraproduktiv sein könnte. Vor allem aber wird uns beschäftigen, wie eine Intervention legitimiert werden soll. Die Privatisierung von Gewalt macht die Frage nach der legitimen, ja nach der legalen Gewalt noch dringlicher. Wer gegen privatisierte und kommerzialisierte Gewalt vorgeht, wird auf Dauer nur Erfolg haben, wenn er sich auf eine eindeutige Rechtsgrundlage berufen kann. Diese Legalisierung kann nur von den Vereinten Nationen ausgehen. Ob dazu der Sicherheitsrat mit seinen üblichen Prozeduren auf Dauer ausreicht, wäre eine Diskussion wert.

Vielleicht wird das Bedürfnis nach einer klaren Unterscheidung zwischen illegitimer »violence« und legitimer »force«, illegaler und legaler Gewalt mit der Zeit so stark werden, daß man die Definition legitimer Gewalt nicht mehr allein den Diplomaten, damit den Außenministerien und damit den Staaten mit ihren Interessen überlassen möchte. Vielleicht könnte sich der Sicherheitsrat von einem Gremium erfahrener und angesehener Juristinnen und Juristen und Elder Statesmen aus aller Welt beraten lassen, das zuerst einmal detailliertere Grundsätze dafür aufstellt, wo und wie die Völkergemeinschaft eingreifen darf und soll. Das Gremium müßte aber auch im Einzelfall das Recht haben, Empfehlungen auszusprechen. Ein solches Beratungsgremium ohne jede Entscheidungsmacht könnte in der Weltöffentlichkeit mit der Zeit ein solches Gewicht bekommen, daß sich der Sicherheitsrat nicht ohne einleuchtende Gründe seinen Ratschlägen entziehen könnte. Natürlich würde man sich über den Modus seiner Berufung streiten. Vielleicht könnte die UN-Vollversammlung auf Vorschlag des Sicherheitsrates die Mitglieder bestimmen. Je mehr weltweit eine Gewalt überhandnimmt, für die Recht und Gesetz Fremdworte aus einer exotischen Sprache sind, muß die Rechtsgrundlage einer Gegengewalt so eindeutig und solide sein, daß sie jeder Kritik standhalten kann, auch dem Einwand, sie spiegele nur die Interessen der ständigen Mitglieder des Sicherheitsrats.

III. Die Privatisierung und Kommerzialisierung der Gewalt läßt sich nur eindämmen und schließlich verhindern, wenn die Gewaltmonopole der Einzelstaaten nicht nur verteidigt, sondern auch durch ein internationales Gewaltmonopol ergänzt und notfalls gestützt werden. Dieses internationale Gewaltmonopol muß vor allem da wirksam werden, wo es kein nationales mehr gibt, wo also eine Rechtsordnung erst langsam wieder errichtet werden muß. Welt-Innenpolitik braucht keine Weltregierung, wohl aber ein internationales Gewaltmonopol.

Organisatorisch läuft dies auf eine Weltpolizei hinaus. Dieser Gedanke klingt nur dann utopisch, wenn man ihn mit einer Weltregierung verbindet, wenn man sich irgendwo in der Nähe von New York riesige Kasernen vorstellt, in denen diese Weltpolizei untergebracht ist, möglicherweise auch noch Weltpolizei-Stationen rings um den Globus. Das alles ist unnötig. Es reicht völlig aus, wenn zwei Dutzend UNO-Staaten (oder Staatengruppen wie die EU) bestimmte Spezialkontingente bereitstellen, die jederzeit, sobald der Sicherheitsrat entschieden hat, von heute auf morgen abgerufen werden können. Natürlich müßte auch für Transportmittel gesorgt sein. Ausbildung und Bewaffnung der Spezialeinheiten könnten variieren im Sinne einer Aufgabenteilung. Das alles, auch das Kommando im Einzelfall, ließe sich regeln, wenn man wollte.

Ob »man« will, hängt von den Großmächten ab, allen voran von den USA. Solange sie sich vorbehalten wollen, jederzeit aufgrund nationaler Interessen mit nationalen Streitkräften einzugreifen, wird es schwierig sein, ein Instrument unbestreitbar legitimer – und im Einzelfall legalisierter – Gewalt zu schaffen. Aber dann ist die Privatisierung der Gewalt – und damit auch der Terror – nicht aufzuhalten. Denn dazu bedarf es eines Mindestmaßes an Welt-Innenpolitik.

IV. Wenn sich die Einsicht durchsetzt, daß der Kampf zwischen vergleichbaren regulären Armeen im 21. Jahrhundert abgelöst wird durch die Bekämpfung der verschiedenen Spielarten privatisierter Gewalt, könnte die Umwandlung der Armeen wohl noch radikaler werden, als sie ohnehin vorgesehen ist.

Die Massenheere des 20. Jahrhunderts haben keine Funktion mehr. Also werden die Armeen immer kleiner. Was in

Deutschland die Wehrstruktur-Kommission unter Leitung des Altbundespräsidenten Richard von Weizsäcker für die Gesamtstärke der Bundeswehr vorgeschlagen hat, war eben nicht, wie manche meinten, die Untergrenze des Vertretbaren, sondern die Obergrenze. Wer sie überschreitet, darf nachher nicht über Finanznöte klagen. Und wem die jetzige Bundeswehr noch nicht groß genug ist, wer sie vergrößern will, verlangt kostspieligen Unsinn.

Wir haben gesehen, daß die deutschen Soldaten, die in den letzten Jahren auf den Balkan oder nach Afghanistan geschickt wurden, dort nach Möglichkeit nicht schießen, sondern andere am Schießen hindern, daß sie ihre Waffen möglichst nicht einsetzen, sondern die Waffen anderer einsammeln sollen. Soldaten, die vor allem Ordnungsaufgaben zu bewältigen haben, müßten wohl auch wissen, wie man sich als Polizei verhält. Das schmeckt den Soldaten gar nicht, ihren Offizieren noch weniger. Aber es hat mit der neuen Aufgabe, vielleicht der neuen »raison d'être« der Streitkräfte zu tun.

Mary Kaldor hat dies so formuliert:

»Das Militär ist bekannt für seinen Unwillen, Polizeiaufgaben zu übernehmen, zugleich hat es sich jedoch als schwierig erwiesen, Polizisten aus ihren Heimatländern zu rekrutieren, wo sie selbst gebraucht werden. Wie immer man die Ergebnisse beurteilt, die britischen Truppen in Nordirland übten Polizeifunktionen aus. Angesichts der Unwahrscheinlichkeit eines weiteren alten Krieges wird man die Streitkräfte dahingehend umorientieren müssen, daß sie zu gemischt militärischen und polizeilichen Einsätzen befähigt werden. Solche Einsätze, bei denen es um die Erzwingung der Einhaltung von Normen geht, werden sich nicht ohne den Gebrauch von Zwangsmitteln abspielen; was aber die Prinzipien betrifft, die deren Anwendung leiten, stehen die Aufgaben einer kosmopolitischen Rechtsdurchsetzung der Friedenssicherung näher.« (a. a. O., S. 198)

Es geht um »die Erzwingung der Einhaltung von Normen«, um »kosmopolitische Rechtsdurchsetzung«. Da muß sich der Abstand zwischen Militär und Polizei verringern, jedenfalls da, wo privatisierte gesetzlose Gewalt einzudämmen oder zu überwinden ist. In einem westeuropäischen Rechtsstaat wie der Bundesrepublik Deutschland, wo – von rechtsradikalen Gewalttätern abgesehen – die privatisierte Gewalt noch nicht gefährlich geworden ist, gibt es keinen zwingenden Grund, die grundgesetzliche Aufgabenteilung von Bundeswehr und Polizei aufzugeben. Wer aber der Bundeswehr im Ausland Polizeiaufgaben zumutet, muß sie darauf auch vorbereiten.

V. Die neue Funktion der Streitkräfte wird auch ihre Bewaffnung verändern. Deutschland hat Glück gehabt, als seine Verbündeten sich weigerten, der Bundeswehr Atomwaffen anzuvertrauen. Denn diese Superwaffe wird heute vom Statussymbol zur Last. Gegen wen könnte sie eingesetzt werden? Hatte sie nicht immer schon allein die Funktion, den Gegner vom Atomschlag abzuhalten? Atomwaffen werden politisch immer weniger relevant. Wer – außer Bin Laden – könnte sich von einer Drohung mit Atomwaffen etwas anderes versprechen als einen empörten Aufschrei rund um den Globus? Schon 1991 konstatiert Martin van Creveld: »In den letzten 50 Jahren konnte keine Atommacht auch nur ein einziges Mal durch die Drohung, ihre Waffen einzusetzen, den Status quo verändern, vom tatsächlichen Einsatz ganz zu schweigen.« (a. a. O., S. 30)

Mit Atomwaffen drohen kann nur, wer keinen Ruf als seriöser Politiker zu verlieren hat. Einsetzen kann sie nur ein Verbrecher. Als der französische Präsident seine Atomwaffen als Argument für die »Parität« zwischen Deutschland und Frankreich benutzen wollte, erntete er keine laute Empörung, sondern verzeihendes Lächeln. Atomwaffen werden, zumindest in Europa, zu streng bewachten – und also teuren

– Fossilien. Für die Bekämpfung privatisierter Gewalt sind sie denkbar ungeeignet.

Aber auch die großen Panzerarmeen werden sinnlos. Sie sind gedacht als Waffe des Blitzkrieges oder als Abschreckung und Gegenwaffe gegen andere Panzerarmeen. Doch Panzerschlachten wie die bei Kursk im Sommer 1943 sind, zumindest in Europa, nicht mehr vorstellbar. Vielleicht kann es nicht schaden, wenn Ordnungstruppen als Zeichen ihrer Stärke und Durchsetzungsfähigkeit gelegentlich ein paar Panzer auffahren lassen. Das verschafft Respekt. Aber wer Hunderte oder gar Tausende von hochmodernen Panzern anschaffen will und sie dann auch warten muß, sollte in einigen Jahren den Einspruch des Haushaltsausschusses oder notfalls des Rechnungshofs fürchten müssen. Auch schwere Artillerie verliert ihre Funktion.

Weniger um ihre Zukunft bangen müßte die Luftwaffe. Aber auch dort dürften sich die Gewichte verlagern. Transportkapazitäten könnten wichtiger werden als die Fähigkeit zu Flächenbombardements. Aufklärer und Hubschrauber dürften mehr Arbeit bekommen als die modernste – und teuerste – Version eines Kampfflugzeugs, das den Luftkampf mit jedem Gegner aufnehmen könnte. Mit welchem? Insgesamt dürfte weniger Vernichtungskraft, dafür mehr Wendigkeit und Zielgenauigkeit gefragt sein. Da gerade bei der Luftwaffe die Entscheidungen über eine Beschaffung oft viele Jahre vor der Lieferung des ersten Flugzeugs getroffen werden müssen, ist sehr viel Weitsicht nötig.

Zur See dürften die schweren Kreuzer und Schlachtschiffe mangels ebenbürtiger Gegner aus der Mode kommen. Die Steuerzahler werden fragen, wozu die sündhaft teuren Kähne gut seien. Natürlich werden Großmächte sich Flugzeugträger leisten. Aber wahrscheinlich werden kleine, bewegliche Schiffe am meisten gefragt sein. Sie können Schmuggel unterbinden und Piraten das Fürchten lehren.

Wo aber gerade die Waffen an Bedeutung verlieren, die im

20. Jahrhundert die Symbole militärischer Macht waren, dürfte der politische Wert militärischer Überlegenheit überhaupt schwinden. Auch wenn es zu harten und hartnäckigen Auseinandersetzungen zwischen den USA und der EU kommen sollte, etwa über Fragen des Handels, kann sich niemand vorstellen, daß die USA ihren europäischen Verbündeten mit Militärschlägen drohen. Dasselbe gilt für mögliche Konflikte zwischen Rußland und Polen oder Rumänien und Ungarn. Das aber heißt: Politik wird sich weit weniger als im 20. Jahrhundert auf militärische Überlegenheit verlassen und stützen können. Wer dies, wie Ariel Sharon, nicht begreift, dürfte schließlich scheitern. Sein Außenminister Schimon Perez scheint das 21. Jahrhundert schon besser begriffen zu haben, wenn er sagt: »Wir haben eine Armee ohne Feinde und Gefahren, die nicht von Armeen herrühren.« (Zitiert nach *Le Monde. Dossiers et Documents* 2/2002, S. 1)

VI. Es stimmt nicht, daß in der Epoche erzwungener Welt-Innenpolitik Armeen überflüssig würden. Die Abschaffung aller Armeen müßte der privatisierten Gewalt (violence) freie Bahn lassen. Noch weniger stimmt allerdings, was immer wieder aus dem pazifistischen Lager zu hören ist, daß wir uns nämlich in einem Prozeß allgemeiner Militarisierung befinden. Die Armeen werden kleiner, die schweren Waffen weniger. Nur die Verbreitung von Handfeuerwaffen außerhalb der Armeen nimmt zu. Eher richtig dürfte sein, daß die Privatisierung der Gewalt keiner Institution so viel an Umdenken, Umorganisation, Neuorientierung und Reform abverlangt wie den Streitkräften. Sie müssen etwas tun, was Soldaten noch nie tun mußten: Sie müssen sich auf etwas einstellen und vorbereiten, was weder Krieg noch Frieden ist.

Genau dies wird nun auch von den Pazifisten verlangt. Sie tun sich dabei noch schwerer als die Soldaten. Sie sind nicht eingebunden in eine große, hierarchisch gegliederte Organisation, haben keinen milliardenschweren Haushalt. Sie leben von der Überzeugungskraft ihrer Parolen und Argumente. Sie sind im 20. Jahrhundert meist vergebens gegen den Krieg angerannt und gegen alle, die ihn führten oder möglich machten, also vor allem gegen das Militär.

In die Geschichtsbücher dürften sie nicht eingehen als arglose Träumer, sondern eher als hellsichtige Realisten. Sie werden bei den Schulkindern des 21. Jahrhunderts auf mehr Verständnis hoffen können als die Generäle, die 1916 vor Verdun die französische Armee »ausbluten« lassen wollten oder gar ihre Nachfolger, die sich Hitler für den Vernichtungskrieg gegen die Sowjetunion einspannen ließen. Sie dürften zu den wenigen gerechnet werden, die den nationalistischen Wahnsinn des 20. Jahrhunderts nicht nur durchschaut, sondern ihm auch widerstanden haben.

Aber nun passen ihre Argumente nicht mehr zur Wirklichkeit. »Nie wieder Krieg!« meinte die »Institution des Krieges«, die Carl Friedrich von Weizsäcker im Zuge einer Welt-Innenpolitik überwinden wollte. Sie ist heute, zumindest in Europa, praktisch überwunden. »Die Waffen nieder!« war eine Parole, die vielleicht den einen oder anderen Krieger zur Besinnung brachte. Bin Laden würde sie gar nicht verstehen, und wer sie den Söldnern der Warlords zurufen wollte, könnte von Glück sagen, wenn er nur ausgelacht und nicht abgeknallt würde. Das Argument: »Man löst das Problem des Terrorismus nicht mit Krieg!« ist ebenso richtig wie irrelevant. Wer, obwohl vieles dagegen spricht, den Terrorismus als »Problem« definieren will, muß zugeben, daß niemand dafür eine glatte Lösung anbieten kann. Natürlich nicht die amerikanischen Generäle, aber eben auch nicht die Pazifisten. Die ehrwürdigen Methoden des Dialogs und der Entfeindung prallen am Fanatismus der heiligen Krieger ab. Sie wollen nicht entfeindet werden. Sie wollen auch nicht, wie die Generäle, ein Land erobern, sie wollen als Werkzeuge Allahs die Bösen züchtigen. Wer seinen »Krieg« für heilig hält, für wen das Töten nicht Mittel, sondern Zweck ist, der kann über die Appelle der Pazifisten nur den Kopf schütteln. Ganz abgesehen davon, daß die Organisatoren des Terrors nicht lokalisierbar sind, daß ein Dialog also technisch unmöglich ist. Der klassische Pazifismus hatte, wie wir heute bemerken, seine Voraussetzungen. Dazu gehören der definierbare Krieg und ein Mindestmaß an Rechtsstaat.

Auch das Feindbild des Militärs verblaßt. Die deutschen Generäle von heute haben keine Pläne für die Einnahme Warschaus oder Sankt Petersburgs in der Schublade. Sogar dort, wo ihre Soldaten stationiert werden, in Bosnien, im Kosovo, in Afghanistan, hat die Bundesrepublik Deutschland keine Interessen, denen militärisch nachgeholfen werden müßte. Die Soldaten sind Teil einer internationalen Schutztruppe, die weiteres Morden verhindern soll. Sie erledigen, was die eigentlich zuständige Polizei überfordert hätte.

Kein vernünftiger Pazifist hat je die Abschaffung der Polizei verlangt. Und natürlich muß die Polizei manchmal Gewalt (force) anwenden. Sie lernt dabei, die Verhältnismäßigkeit der Mittel zu wahren. Das lernen die Soldaten jetzt auch. Sie helfen beim Bau von Schulen, Wegen, Wohnhäusern, Krankenstationen. Bei der Bevölkerung sind sie oft populärer als die eigene Verwaltung. Nein, diese Soldaten taugen nicht als Feindbild, eher als Partner für Friedensarbeit. Erst wenn sie dem Schießen ein Ende gesetzt haben, können Pazifisten anfangen, Frieden zu stiften: Serbische, kroatische und muslimische Kinder in Ferienlagern miteinander spielen lassen, runde Tische für das Gespräch der Erwachsenen einrichten oder auch Sanitätsstationen, wo Religion und ethnische Herkunft keine Rolle spielen.

Pazifismus mußte im 20. Jahrhundert Antimilitarismus sein. Im 21. Jahrhundert kann er es nicht mehr sein. Will er es bleiben, schrumpft er zur Sekte.

VII. Als zu Beginn der achtziger Jahre um die sogenannte Nachrüstung gestritten wurde, stand eine militärische einer pazifistischen Logik gegenüber. Beide waren in sich schlüssig. Die militärische sagte: Wir müssen um des Gleichgewichts und damit des Friedens willen jede Rüstung des Gegners mit eigener Rüstung beantworten. Die pazifistische Logik setzte dem entgegen: Irgendwann muß Schluß damit sein, daß jede Seite das, was sie selbst tut, als Nachrüstung, was die Gegenseite tut, als Vorrüstung betrachtet. Dabei können beide sich gegenseitig mehrfach vernichten. Irgendwann muß diese Spirale durchbrochen werden. Und irgendwann müssen beide Seiten begreifen, daß keiner von beiden wahnsinnig genug ist, einen Atomkrieg auszulösen. Dazu bedarf es der Ent-feindung. Sie muß von den Stärkeren ausgehen, und das sind wir.

Wo es gilt, privatisierter Gewalt zu begegnen, gibt es nur noch eine Logik. Sie sagt: Laßt uns alles tun, um Konflikte und Fundamentalismen im Vorfeld ohne Gewalt zu entschärfen, den Organisatoren der Gewalt den Geldhahn abzudrehen, verfeindete Gruppen miteinander ins Gespräch zu bringen, die Kluft zwischen Reich und Arm zu verringern – innerhalb und zwischen Gesellschaften. Aber wo diese Gewalt, deren sichtbarster Ausdruck der Terror ist, zuschlägt, da laßt uns alle Mittel anwenden, die Abhilfe versprechen, erst Polizei und Geheimdienst und, wo dies nicht reicht, auch die Streitkräfte. Innerhalb dieser einen Logik sind dann die Aufgaben zu verteilen zwischen Politikern, Geheimdiensten, Militärs, Polizei und Pazifisten.

Daß viele Pazifisten noch lange nicht soweit sind, hängt auch mit der Kriegsrhetorik des US-Präsidenten zusammen. Sie schließt vernünftiges Handeln zwar nicht aus, erschwert es aber beträchtlich. Ist diese Rhetorik nicht ganz ernst gemeint, so dürfte sie sich langsam von selbst erledigen, dann nämlich, wenn das, was in Afghanistan zu leisten ist, beim schlechtesten Willen nicht mehr als »Krieg« bezeichnet werden kann. Sollte sie ernst gemeint sein, dann ist der Widerstand der Europäer unvermeidlich, nicht nur der Pazifisten. Pazifisten und Militärs werden künftig aufeinander angewiesen sein, sogar beim Lernen.

Kapitel 10
Nachdenken über den Staat

1. Menschen neigen dazu, vor allem das zu schätzen, was sie nicht haben, was sie entbehren müssen. Wenn sie hungern, reden sie vom Essen, wenn sie unterdrückt sind, träumen sie von Freiheit, wenn sie zum Spielball privatisierter Gewalt werden, sehnen sie sich nach dem Staat. Das tun heute viele Millionen, nicht nur in Afrika.

Martin Luther kannte das Wort Staat noch nicht. Für ihn gab es nur die Obrigkeit, und die war der Fürst, und den Untertan, das war auch er. Ein guter Untertan betete für eine gute Obrigkeit, aber er gehorchte auch einer schlechten. Was Luther nicht bemerkte, war, daß damals, im 16. Jahrhundert, der moderne Staat entstand, der sein Gewaltmonopol durchsetzte gegen Städte und Adel, vor allem gegen die Raubritter. Daß viele Untertanen die Herrschaft fürstlicher Beamter allemal erträglicher fanden als die Willkür heruntergekommener Ritter, kam den Fürsten und ihrem Staat zugute.

Wichtig für unseren Kontext ist nicht, wie dieser Staat sich im Laufe von Jahrhunderten zum Rechtsstaat mit Verwaltungsgerichten und einem Klagerecht des Untertanen, dann zum demokratischen Rechtsstaat der Staatsbürger mit Verfassung und Verfassungsgericht wandelte. Worauf es hier ankommt, ist die Tatsache, daß am Beginn des modernen Staates die – anfangs auch gewaltsame – Durchsetzung des staatlichen Gewaltmonopols steht. Der Staat definiert sich nicht zuletzt durch sein Gewaltmonopol. Daraus ergibt sich von selbst die Frage, ob und wie weit sich innere Sicherheit in einem demokratischen Rechtsstaat privatisieren läßt, ohne daß dieser Staat Schaden nimmt, vielleicht irreparablen Schaden. Kann ein Staat sich selbst aufgeben? Beispiele dafür gibt es inzwischen genug. Kann Politik sich selbst abschaffen? Die ideologische Begründung dafür muß nicht mehr erfunden werden.

II. Wir haben der These von Mary Kaldor zugestimmt, daß die Aufgaben von Militär und Polizei sich annähern, weil die Trennung zwischen äußerer und innerer Sicherheit schwieriger wird. Immerhin kämpfte die US-Armee in Afghanistan, damit die Bürger der Vereinigten Staaten sich zu Hause sicherer fühlen können. Sollte Afrika im Chaos versinken, könnte die Polizei in Europa bald überfordert sein. Trotzdem bleibt in den Staaten der Europäischen Union die Sicherheit vor Verbrechen und »violence« vorerst eine klar abgrenzbare Aufgabe, für die Justiz und Polizei zuständig sind. Sie wachen über das Gewaltmonopol des Staates. Für viele Generationen verstand sich dieses Monopol von selbst. Auch in ihrer revolutionärsten Phase hat die europäische Arbeiterbewegung das staatliche Gewaltmonopol nicht angefochten. Das blieb den wenigen Anarchisten vorbehalten. Jetzt, wo dieses Monopol zu bröckeln und zu bröseln beginnt, entdecken wir, daß es nicht nur die Grundlage jedes Rechtsstaates ist, sondern auch ein Postulat sozialer Gerechtigkeit. Wir beginnen zu begreifen, daß Privatisierung und Kommerzialisierung innerer Sicherheit das Prinzip sozialer Gerechtigkeit aushebelt, ja der Lächerlichkeit preisgibt.

In den letzten Jahren wurde viel über das Verhältnis von Gerechtigkeit und Gleichheit diskutiert. Nicht jede Gleichheit, etwa genau dasselbe Einkommen für jeden und jede, ganz gleich, was sie leisten, wäre wohl gerecht. Aber es gibt nicht nur gerechte und ungerechte Gleichheiten, noch wichtiger könnte der Unterschied zwischen erträglichen und unerträglichen Ungleichheiten sein.

Wenn der eine sich einen Mercedes kaufen kann und der andere nicht, so ist dies eine durchaus erträgliche Ungleichheit, zumal gar nicht jeder einen Mercedes fahren will, sogar wenn er ihn sich leisten könnte. Wenn aber die eine sich Sicherheit vor Verbrechen – etwa durch private Wächter oder in einer »gated community« – kaufen kann, die andere nicht, dann ist dies eine unerträgliche Ungleichheit. Denn hier geht es um das Grundbedürfnis aller Menschen, nicht dauernd in Angst zu leben, und im übrigen um die verdammte Pflicht und Schuldigkeit des Staates. Wer redlich seine Steuern zahlt – und seien es nur die indirekten, weil er für die Lohnsteuer zu wenig verdient –, hat Anspruch auf Schutz vor Kriminalität. Natürlich nicht auf absolute Sicherheit. Die ist noch nicht erfunden worden. Aber darauf, daß die Polizei in seinem Arbeiterwohnviertel genauso patrouilliert wie im vornehmeren, daß ein Einbrecher hier genauso viel riskiert wie dort, daß es keine Viertel gibt, wo die Polizei sich allenfalls bei Tage, und dann nur in Rudeln, blicken läßt, und andere, wo sie zugunsten privater Dienste abgedankt hat.

Die Kommerzialisierung der inneren Sicherheit, die Auslagerung der staatlichen Schutzfunktion von der Polizei auf private Sicherheitsdienste geht ans Mark eines demokratischen Staates. Sie degradiert die Sicherheit, um derentwillen der moderne Staat einst geschaffen wurde, zur Ware am Markt, überdies zu einem Luxusgut, das sich nun einmal nicht jeder leisten kann. Der Staat, der von seinen Bürgerinnen und Bürgern erwartet, daß sie sich ihre Sicherheit am Markt kaufen, wohl wissend, daß nur wenige dies können, verdient seinen Namen nicht. Vor allem verdient er die Loyalität seiner Bürger nicht. Und wohin ein Staat ohne die Loyalität seiner Bürger kommt, läßt sich heute leicht nachweisen.

Wenn eine Konzernzentrale oder ein Fabrikgelände, mit der Polizei genau abgesprochen, von privatem Werkschutz bewacht wird, so wird niemand etwas dagegen einwenden. Wenn die Leitung eines Kirchentags der Polizei versichert, sie könne allein für Ordnung unter den 100 000 Besuchern auf dem Messegelände sorgen, dann wird sich jeder Innenminister darüber freuen. Aber schon wenn ein kleiner Sportverein für ein emotional aufgeheiztes Lokal-Derby Polizei anfordert und dann zur Antwort erhält, leider habe man keine Kräfte frei, stimmt etwas nicht. Das gilt auch dann, wenn ein Musikverein vor seinem hundertsten Gründungsjubiläum zu hören bekommt, für die Dienstleistungen der Polizei, so sie denn käme, hätte der Verein selbst zu bezahlen.

Man mag darüber streiten, wo der öffentliche Raum endet und der private beginnt. Aber dafür, daß Gesetze eingehalten werden, daß »violence« unterbunden oder rasch geahndet werden kann, ist die Polizei zuständig. Wo sie überfordert ist, muß sie verstärkt werden. Das Ausweichen auf private Dienste führt schließlich zu der Frage, wozu man seine Steuern zahle.

III. Die faktische Kommerzialisierung der inneren Sicherheit wird vorbereitet und begleitet durch eine ideologische, die auch als Wissenschaft daherkommen kann. In der *Zeit* (Nr. 2/2002, S. 18) verrechnet der Ökonom Wolfgang Maennig die Kosten von Kriminalität mit denen der Kriminalitätsbekämpfung. Kriminalität sei teuer, führe zu beträchtlichen Verlusten für die Volkswirtschaft. Sie ließen sich zwar nicht ganz exakt, aber doch recht zuverlässig ermitteln. Ähnlich kostspielig sei aber auch die Bekämpfung der Kriminalität, die Prävention eingeschlossen. Damit ist alles gemeint, was ein Staat tun kann, von der »intensivierten Arbeitsmarktpolitik« bis zur »Ausweitung der Polizeidienste und Staatsanwaltschaften«. Folge man der wirtschaftlichen Vernunft, dann dürften die »Maßnahmen«, die gegen die Kriminalität ergriffen würden, nicht mehr kosten als die Kriminalität, die dadurch verhindert werde.

»Aus der Kosten-Nutzen-Gegenüberstellung folgt eine erste ökonomische Empfehlung: Die zusätzlichen Kosten einer verstärkten Kriminalitätsbekämpfung dürfen deren zusätzlichen Nutzen nicht übersteigen. Hieraus ergibt sich ein eindeutiges Optimum an Kriminalität, das in der Regel nicht bei Null liegt – dafür fallen im Allgemeinen (zu) hohe Kosten der Vermeidung und Bestrafung an. Aus ökonomischer Sicht ist ein bestimmtes Maß an Kriminalität effizient – oder: tolerierbar.«

Danach gibt es also so etwas wie die optimale Kriminalität. Genau dies ist dann auch die Überschrift über den Artikel. Ökonomisch ist dagegen nichts einzuwenden.

Aber was bedeutet dies politisch? Wenn einer alten Frau auf dem Heimweg von der Abendmesse die Handtasche mit ihrer ganzen Barschaft entrissen wird und sie dem Bürgermeister ihr Leid klagt, dürfte der bislang antworten: »Liebe Frau, das ist schlimm, aber wir können nicht an jede Straßenecke einen Polizisten stellen!« Das wird die geschockte Frau schließlich grollend hinnehmen: So ist die Welt.

Sollte der Bürgermeister – oder ein Polizeioffizier – ihr aber vorrechnen, daß der Schaden für die Gesellschaft durch ihren Verlust allemal geringer sei als die Kosten für einen zusätzlichen Polizisten, so wird die Frau, falls sie dieser Art ökonomischen Denkens überhaupt folgen kann, wütend. Und wenn ihr jemand auch noch erklären wollte, ihr Verlust sei leider ein unvermeidlicher Teil einer effizienten, optimalen Kriminalität, dann wird sie diesen Staat verfluchen, in dessen Kosten-Nutzen-Rechnung ihr verletzter Arm, ihr Schmerz, ihre Angst vor dem nächsten Überfall, ja sie selbst als Person und Bürgerin, gar nicht eingeht, nicht vorkommt. Sie würde sich in ihrer Menschenwürde verletzt fühlen.

Und sie hätte recht. Ein demokratischer Rechtsstaat ist nicht irgendein Dienstleistungsunternehmen, bei dem jede einzelne Dienstleistung sich rechnen muß. Dieser Staat hat das Recht und die Pflicht, Gesetze zu machen, und zwar nach einem genau vorgeschriebenen Verfahren. Damit diese Gesetze nicht auf dem Papier stehen bleiben, erhebt er Anspruch auf ein Gewaltmonopol. Das hat er, selbst wenn es manchmal schwerfällt, zu wahren. Innere Sicherheit gehört zu den ersten und vornehmsten Pflichten des Staates. Sie ist die Kehrseite seines Gewaltmonopols. Niemand wird je die Kriminalität ausrotten. Aber wer streng ökonomisch die optimale Kriminalität errechnet, weiß nicht, was ein Staat ist. Er müßte dann auch, falls ein Privatunternehmen die einschlägige Dienstleistung billiger anbieten kann, die Polizei privatisieren.

IV. Die extremste Form kommerzialisierter Sicherheit sind die »gated communities«, die sich, wie wir gesehen haben, nicht nur in den USA rasch ausbreiten. In manchen amerikanischen »gated communities« wird darüber diskutiert, ob man weiterhin Steuern zahlen solle. Man sorge schließlich selbst für seine Sicherheit. Andere von den umzäunten, oft elektrisch gesicherten Wohnbezirken versuchen, wie Katja Gelinsky in der *Frankfurter Allgemeinen* vom 4. Januar 2002 berichtet, eine neue Rechtskonstruktion. Sie machen sich kommunalpolitisch selbständig.

»Seit 1990 gibt es die Stadt Canyon Lake mit eigener Verwaltung, Polizei und Feuerwehr. Das Rathaus, die Kirche und das kleine Geschäftsviertel sind freilich nicht umschlossen von der 2,50 Meter hohen, beige getünchten Mauer, die sich rund um die Wohngebiete zieht, manchmal durchbrochen von Maschendrahtzaun, der mit drei Reihen Stacheldraht abschließt. ›Städte sind ihrem Wesen nach öffentlich. Deshalb befinden sich alle städtischen Einrichtungen von Canyon Lake auf öffentlichem, frei zugänglichem Grund‹, erklärt die Pressesprecherin im Rathaus. Offenbar genügt es, daß der Schein von Öffentlichkeit gewahrt wird.

Zu ihren Häusern gelangen die Einwohner von Canyon Lake durch schrankengesicherte Einfahrten, an denen uniformierte Wachleute postiert sind. Wer sich ausweisen kann, wird schnell durchgelassen.«

Den Trick mit dem Rathaus außerhalb der Stadtmauer hat man sich einfallen lassen, damit man die kommunalen Steuern für die eigene, streng nach außen abgegrenzte und befestigte Wohnsiedlung verwenden kann. Der Rest der Stadt kümmert die Bewohner von Canyon Lake nicht.

Katja Gelinsky berichtet auch von der Studie eines Soziologen namens Edward Blakely, die zu einem keineswegs überraschenden Ergebnis kommt:

»Blakely befürchtet, daß Bewohner von gated communities, die viel Geld für Sauberkeit und Sicherheit innerhalb der Mauern bezahlen, sich für das, was ›draußen‹ passiere, nicht mehr verantwortlich fühlten. ›Wenn Privatisierung und der Wunsch, sich auszuschließen, die Oberhand gewinnen, müssen wir uns fragen, ob eine amerikanische Demokratie, die sich auf Bürgersinn und Gemeinschaftssinn gründet, möglich bleibt.‹«

Wird Sicherheit vor Verbrechen zur käuflichen, erschwinglichen oder auch unerschwinglichen Ware auf einem Markt der Sicherheit, dann hat die Demokratie die Kosten dafür zu tragen, zuerst die in den Gemeinden. Wo die Reichen sich einmauern und ihre eigenen Gemeinden bilden, geschützt durch privat finanzierte Wächter, wird das berühmte Wort der Margarete Thatcher wahr: »There is no such thing as society.«

In den siebziger Jahren, als Terroristen, die sich für links hielten, dem staatlichen Gewaltmonopol den Kampf ansagten, wurde die innere Sicherheit zum Thema der Rechten. Im 21. Jahrhundert wird das staatliche Gewaltmonopol von denen unterlaufen und ausgehöhlt, die sich lieber ihre Sicherheit für teures Geld selber kaufen, als etwas mehr Steuern zu zahlen, damit möglichst alle geschützt werden können. So werden das Gewaltmonopol und die Sicherheit vor Verbrechen zum Thema der Linken. Sie muß dieses Gewaltmonopol mit Zähnen und Klauen verteidigen.

Die demokratische Linke darf sich um dieses Thema auch nicht mit dem – richtigen – Argument drücken, innere Sicherheit sei nicht nur eine Sache der Polizei. Natürlich geht es auch um Prävention, um Ganztagsschulen und Sprachunterricht für Ausländer und Aussiedler, um Jugendsport und Familienförderung, um Bewährungshilfe und Jugendzentren. Aber sind das etwa keine Themen für die Linke?

V. Natürlich läßt sich der Zerfall von Staaten, auch europäischen, mit wissenschaftlicher Distanz als etwas Natürliches, in der Geschichte Übliches abhandeln. Schon Martin van Creveld gab zu bedenken, der Staat könne, genau wie andere Organisationsformen vor ihm, »in Vergessenheit geraten« (a. a. O., S. 283) und »sein Gewaltmonopol in einem langsamen und sprunghaft verlaufenden Prozeß an eine andere Organisationsform abtreten« (S. 285). An welche bitte? Läßt sich eine Organisationsform denken, die zwar ein Gewaltmonopol ausübt, aber kein Staat ist? Etwa ein Zusammenschluß multinationaler Unternehmen? Oder gar die Mafia? Ist denn nicht der demokratische Rechtsstaat die einzige Methode, jede Gewalt, die privatisierte und die staatliche, dem Recht zu unterwerfen? Und landet nicht jeder andere Versuch, die Gewalt dem Recht zu unterwerfen, wieder genau da, also beim demokratischen Rechtsstaat? Natürlich lassen sich Gewaltmonopole denken, die nur bestimmten Interessen dienen und daher auf jedes Recht pfeifen. Auch eine Willkürherrschaft kann ein Gewaltmonopol durch Mord und Totschlag erzwingen. Aber wollen wir das?

Ein Historiker wie Wolfgang Reinhard darf am Schluß seines umfassenden Werkes über die *Geschichte der Staatsgewalt* (2. Aufl., München 2000) skeptisch anmerken:

»Es ist aber auch nicht auszuschließen, daß die besonders in Afrika beobachteten Auflösungserscheinungen der Staatsgewalt mit ähnlichen Phänomenen in Europa konvergieren und auf das Ende des modernen Staates in seiner vollentwickelten Form hinauslaufen werden.« (S. 508)

Der Historiker Reinhard darf auch einfach feststellen, daß die Ausdehnung der »Parastaatlichkeit« im Westen als »der politökonomischen Weisheit letzter Schluß« gelte, und dann hinzufügen:
»Allerdings heißt sich dem Zugriff der Staatsgewalt entziehen noch nicht, daß eine Alternative zum modernen Staat vorläge.« (S. 509)

Wer gewohnt ist, politisch zu denken und zu entscheiden, wird sich diese ironische Distanz nicht leisten können und sich einfach weigern, etwas aufzugeben, wozu er keine Alternative hat.

Da nützt auch nicht der Hinweis, der Feudalismus sei ohne Staat ausgekommen. Zum einen war er doch wohl eine Klassenherrschaft, zum anderen organisierte er eine viel weniger komplizierte und verwundbare Gesellschaft. Fronarbeit läßt sich auch ohne Staat erzwingen. Eine Aktionärsversammlung ist nur unter dauerndem Verweis auf das einschlägige Gesetz ohne Eklat abzuwickeln. Marodierende Banden konnten noch im 17. Jahrhundert allenfalls ein Schloß anzünden und seine Bewohner umbringen. Atomarer Terror könnte ganze Kontinente in Panik versetzen und ihre Wirtschaft lahmlegen.

Wir sind zum Staat verurteilt. Wir sollten nicht über sein Ende, sondern über seine beste Struktur, seine Funktionen, seine Machtmittel, natürlich auch über seine Grenzen nachdenken.

VI. Ulrich Beck hat dies im *Spiegel* (Nr. 42/2001, S. 54 ff.) getan. Er sieht die Folgen des 11. September so:
»Der Terroranschlag stärkt den Staat, entwertet, entthront jedoch zwei bislang regierende Ideen: den Nationalstaat und den neoliberalen Staat.«

Was den Nationalstaat angeht, so gehört Beck nicht zu denen, die meinen, ihn auslöschen zu sollen. Er wird noch lange existieren. So wie Bayern heute noch – als Land der Bundesrepublik Deutschland – in den Grenzen besteht, die Napoleon ihm gegeben hat, so dürfte die Bundesrepublik Deutschland – in ihren heutigen Grenzen – auch in hundert Jahren noch vorhanden sein. Sie könnte dann innerhalb der Europäischen Union eine Rolle spielen, die der Bayerns in Deutschland nicht unähnlich ist. Beck spricht vom »kooperativen Transnationalstaat« und erläutert dies so:

»Der nationale Blick wird zum Hindernis für die transnationale Erfindung des Politischen und der Staatlichkeit im Zeitalter der Globalisierung. Dies wird jetzt erfahren und ausbuchstabiert an der plötzlich geopolitischen Frage der entgrenzten ›inneren Sicherheit‹ von Ex-Nationalstaaten und kann übertragen werden auf Fragen der drohenden Klimakatastrophe, der globalen Armut, der Menschenrechte.«

Dies läßt sich auch so interpretieren: Der Nationalstaat hat nur eine Zukunft, wenn er sich beteiligt an der »transnationalen Erfindung des Politischen.« Ob er dann ein Nationalstaat bleibt, ist Definitionssache.

Was seine Souveränität angeht, so könnte eine Unterscheidung hilfreich sein, die Beck an anderer Stelle trifft (*Das Schweigen der Wörter,* Frankfurt 2002, S. 45 ff.). Der Nationalstaat werde an Autonomie, nicht aber an Souveränität verlieren. Ist damit nicht die Souveränität nach außen, sondern die nach innen gemeint, also das Gewaltmonopol und die Politikfähigkeit, so könnte Beck sogar mit seiner Einschätzung recht haben, weniger Autonomie könne mehr Souveränität bedeuten:

»Wenn man allerdings Souveränität an politischer Gestaltungsmacht bemißt, also danach beurteilt, inwieweit es einem Staat gelingt, Profil und Einfluß auf den Bühnen der Weltpolitik zu gewinnen und die Sicherheit und den Wohlstand seiner Bürger zu mehren, dann resultieren die zunehmende

Verflechtung und Kooperation, also der Verlust an Autonomie, in einem *Gewinn* an Souveränität.« (a. a. O., S. 47)

Ein Staat, der auf diese Weise seine Souveränität nach innen stärkt, wäre sicher nicht mehr der »neoliberale Staat«, dessen »Entthronung« Beck so begründet:

»Neoliberalismus und die Idee des freien Marktes gelten als Schlüssel für die Zukunft. Sie haben in den vergangenen zwei Jahrzehnten eine hegemoniale Macht entfaltet. Sicher ist es verfrüht, vom Ende des Neoliberalismus zu reden. Aber doch gibt das globale Terrorrisiko einen Vorgeschmack auf die Konflikte, in welche die Globalisierung die Welt stürzt. Und in Zeiten dramatischer globaler Konflikte verliert der Grundsatz, Politik und Staat durch Wirtschaft zu ersetzen, rapide an Überzeugungskraft.«

Wenn ein Gewaltmulti den Globus in Schrecken versetzen kann, dann ist wohl nicht der Markt, sondern die Politik gefragt, auch die »transnationale Politik« von Nationalstaaten.

VII. Wie der Staat in Deutschland zu fast göttlichem Status kam, ist oft beschrieben worden. Friedrich II. von Preußen fing an, zwischen der Person des Monarchen und dem Staat zu unterscheiden. Er war nicht der Staat, wie Ludwig XIV., er war dessen erster Diener. Es war der Dienst an diesem Staat, der die Preußen zusammenhielt, ob sie nun deutsch, polnisch oder, wie Friedrich selbst und fast jeder dritte Berliner, französisch sprachen. Es war der Schwabe Hegel, der diesem Staat die philosophischen Weihen gab. Von Preußen ging die Verehrung des Staates 1871 auf das neue deutsche Kaiserreich über, das sich allerdings nicht mehr als irgendein Staat, sondern als Nationalstaat verstand.

Was dann kam, ist bekannt. Nach dem Zweiten Weltkrieg rieb sich eine ganze Generation verwundert die Augen, wenn einer der überlebenden Demokraten ihr erklärte, der Mensch sei nicht für den Staat da, sondern der Staat für die Menschen. Nicht erst Hitler hatte dies anders gesehen. Nicht nur er, aber er besonders, hatte auch den Staat diskreditiert. Die Neoliberalen konnten durchaus auf schreckliche Erfahrungen mit dem Staat zurückgreifen. Sie hatten leichtes Spiel.

Für die meisten ist »der Staat« inzwischen etwas Fremdes, Fernes, ein fühlloser Apparat, darauf programmiert, den Bürgern Geld aus der Tasche zu ziehen und es anschließend zu vergeuden. Dieser Staat gilt als gefährlich. Es geht, wie dies eine Justizministerin der Regierung Kohl, von beamteten Leibwächtern geschützt, prägnant formulierte, nicht um die Sicherheit durch den Staat, sondern vor dem Staat. Damit dieser Staat nicht zu gefährlich wird, muß man ihn kurzhalten. Steuern sind nicht mehr ein ärgerlicher, aber notwendiger Beitrag zum Gemeinwesen, sondern ein Übel, dessen Notwendigkeit immer weniger einsichtig wird. Häufig werden Steuern schon als Diebstahl eingestuft. Gegen Diebstahl darf der Bürger sich wehren, mit beinahe allen Mitteln.

Erhöht der Finanzminister eine Steuer, so ist überall zu lesen, er greife wieder einmal den Bürgern in die Tasche. Wer aber andern in die Tasche greift, ist ein Dieb.

Die herrschende ökonomische Lehre tut überdies so, als wäre jeder Euro, der sich einmal in eine öffentliche Kasse verirrt hat, für immer aus dem Wirtschaftskreislauf verbannt. Das hindert manche Ökonomen nicht daran, die Flaute in der Bauwirtschaft dem Mangel an öffentlichen, insbesondere kommunalen Aufträgen zuzuschreiben. Der Laie fragt sich allerdings, ob die Angestellte der Stadtbibliothek ihrer Tochter kein Fahrrad kauft und Finanzbeamte nie ein Häuschen bauen. Nach dieser Theorie ist dann die Angestellte einer Sicherheitsfirma allemal der Polizistin vorzuziehen. Die Polizistin geht ja auf die »Staatsquote«, und die kann nicht niedrig genug sein.

Vielleicht wird man sich eines Tages noch darüber wundern, mit welchem Gleichmut wir die Schließung von Theatern, Bibliotheken oder Schwimmbädern hingenommen haben. Wenn der Staat »spart«, kann dies so falsch nicht sein.

Daß dabei auch höchst sinnvolle Arbeitsplätze verlorengehen, nehmen wir in Kauf und wundern uns dann, wenn anderswo keine entstehen.

VII. Daß der Staat kein Mythos mehr ist, kommt uns allen zugute. Aber was ist er dann? Vielleicht täten wir gut daran, ihn als das Kleid unserer Gesellschaft zu betrachten, ein Kleid, das sich die Bürger aus Gründen der Zweckmäßigkeit selbst gewählt haben. Dieses Kleid kann einengen oder bequem sitzen, häßlich oder schön sein. Dafür sind in der Demokratie die Staatsbürger zuständig, die Citoyens und Citoyennes. Damit wir ein ansehnliches, solides Kleid bekämen, das genug Bewegungsfreiheit ließ, aber notfalls auch wärmte, gingen viele in die Politik.

Heute geht es vor allem um die schützende, wärmende Funktion dieses Kleides. Alle haben ein Recht darauf. Es ist unser Kleid. Vielleicht läßt sich am Bild vom Kleid auch die Notwendigkeit eines Prinzips deutlich machen, ohne das staatliche Strukturen nicht mehr tragen werden: das der Subsidiarität. Wenn wir uns ankleiden, beginnen wir nicht mit dem Wintermantel, auch nicht mit dem Wollpullover, der auf der nackten Haut recht unangenehm sein kann. Staatliche Institutionen müssen mit dem beginnen, was uns am nächsten liegt: den Gemeinden. Erst was sie nicht leisten können, müssen die Kreise, das Land übernehmen, und so fort, bis zur Europäischen Union und schließlich zur UNO. Nur die subsidiäre Gliederung kann dem Bürger den Staat näher bringen: Nur wo wir von den Bedürfnissen der Bürger ausgehen, können diese den Staat als passende Kleidung ihrer Gesellschaft annehmen. Und dann auch begreifen, daß wir ohne Staat alle nackt sind, so hilflos wie die Kinder in den »entités chaotiques«.

Kapitel 11

Welt-Sozialpolitik gegen privatisierte Gewalt

I. Wenn das staatliche Kleid der Gesellschaft nicht nur so bequem und sportlich sein muß, daß es die freie Bewegung des Körpers nicht hemmt, sondern auch so warm, daß niemand friert, dann dürfte der demokratische Rechtsstaat kaum zu halten sein ohne Sozialstaat. Erst durch soziale Sicherheit wächst die Bindung, ohne die der Rechtsstaat kritische Zeiten nicht übersteht. Ein Staat, der seine Bürgerinnen und Bürger im Zweifel den Launen des Marktes überließe, könnte nicht auf deren Loyalität zählen. Formales Recht ohne die Idee der sozialen Gerechtigkeit reicht als Rechtfertigung des staatlichen Gewaltmonopols nicht mehr aus. Wo der Staat ein Maß an Ungleichheit zuläßt, das die Privatisierung der Gewalt unausweichlich macht, bringt er sich selbst in Gefahr. Man kann es auch, wohl im Sinne von Ulrich Beck, so ausdrücken: Der neoliberale Staat, also das, was neoliberale Ideologie vom Staat übrig läßt, ist nicht überlebensfähig.

Dasselbe gilt für die neoliberale Version der Globalisierung. Sie schafft ein Maß an sozialer Ungleichheit, das einzelne Gesellschaften und die Weltgesellschaft sprengt und schließlich die Gewalt privatisiert. Aus dem Traum von den wohltätigen, weil deregulierten globalen Märkten werden wir so oder so geweckt, wenn nicht durch einen neuen Schwarzen Freitag, dann durch den Zerfall von Staaten und die Welle kommerzialisierter Gewalt, die damit einhergeht, die Ursache und Folge dieses Zerfalls ist.

Politik läßt sich nicht durch Märkte ersetzen. Märkte funktionieren nur, wo die Politik ihnen einen verbindlichen Rahmen gesetzt hat. Wo staatliche Institutionen keine Rechtssicherheit mehr gewährleisten, ist auch die Wirtschaft am Ende.

Das bedeutet nicht, daß globale Märkte schädlicher sein müssen als nationale oder regionale wie die Europäische Union. Aber sie brauchen, genau wie die nationalen und die regionalen Märkte, einen Rahmen, genauer gesagt drei: einen rechtlichen, einen sozialen und einen ökologischen. Es ist Sache der Politik, dafür zu sorgen, daß auch globale Märkte einem »sustainable development«, einer auf Dauer durchhaltbaren, zukunftstauglichen Entwicklung, dienen. Sogar wenn es wahr wäre, daß deregulierte Weltmärkte insgesamt ein stärkeres Wirtschaftswachstum garantieren, dann käme dieses Wachstum rasch zum Erliegen, sobald der Treibhauseffekt riesige Migrationsströme in Gang setzte, die dann ohnehin zerfallende Staaten vollends ins Chaos stürzten. Wer das Kyoto-Protokoll zur Verminderung der Treibhausgase als ein Hirngespinst ökonomischer Analphabeten und unzurechnungsfähiger Apokalyptiker abtut, kann nur hoffen, daß nicht mehr zu seinen Lebzeiten erkennbar wird, was er angerichtet hat. Daß Ökologie in der neoliberalen Theorie praktisch nicht vorkommt, es sei denn als Markthindernis und Wachstumsbremse, spricht nicht gegen die Ökologie.

Märkte haben viele heilsame Wirkungen. Die Zukunftstauglichkeit einer Gesellschaft oder gar der Weltgesellschaft gehört dazu nicht. Die fällt in die Verantwortung der Politik. Ob und wie diese Verantwortung wahrgenommen wird, entscheiden letztlich die Wähler. Nur wenn sie den Versuchungen des Populismus widerstehen, wird so etwas wie »sustainable development« möglich. Oder umgekehrt: Populismus ist der Sieg der Vergangenheit über die Zukunft.

II. Nirgendwo ist unsere Welt von Zukunftsfähigkeit so weit entfernt wie in vielen »Entwicklungsländern« des Südens, in Schwarzafrika, in Lateinamerika, in Süd- und Südostasien. Dabei schloß doch der Begriff der »Entwicklung« die Zukunftstauglichkeit stillschweigend ein. Ein Land konnte sich langsamer oder rascher, kräftiger oder auch ein wenig schwächlich, erfreulicher oder problematischer, ein Jahrhundert früher oder später »entwickeln«. Aber gar nicht? Das war in dem Wort nicht angelegt, das ja ein Bild des Lebendigen war, der Blüte oder des Blattes, das sich aus einer Knospe »ent-wickelt«. Noch weniger war vorgesehen, daß ein Land – man nahm es immer und selbstverständlich auch als Staat – zerfallen, sich auflösen, in das Chaos privatisierter Gewalt abgleiten könnte. Ursprünglich war mit dem Stichwort »Entwicklung« ein Prozeß des Aufholens und der Nachahmung gemeint. Die westlichen Industrieländer, die sich selbst in einem etwas naiven Stolz für »entwickelt« erklärten, wollten den Agrarstaaten des Südens dabei helfen, im Zeitraffertempo nachzuholen, was die Industrienationen vorgemacht hatten, bis die gelehrigen Zöglinge es schließlich auch so herrlich weit gebracht hätten wie ihre Vorbilder.

Später dachte man dann über kulturelle und politische Einflüsse auf die Entwicklung nach, aber im Grunde blieb sie für die politisch Handelnden und die ökonomisch Mächtigen immer eine Frage der Wirtschaft. Wirtschaftswachstum blieb das Ziel, selbst wenn die UNO inzwischen so etwas wie den HDI (Human Development Index) ausarbeitete, mit dem die Lebensqualität sich messen ließ. Das in Deutschland seit 1961 dafür zuständige Ministerium hieß daher von Anfang an zu Recht »Bundesministerium für wirtschaftliche Zusammenarbeit«.

Jetzt lernen wir, daß es ohne funktionierende Institutionen, seien es solche des Staates oder der Zivilgesellschaft, nicht nur keine Entwicklung geben kann, sondern daß ein Fehlen oder der Kollaps solcher Institutionen alles zunichte machen kann, was – mit oder ohne Hilfe von außen – in Jahrzehnten aufgebaut wurde. Und vor allem: daß, wo die privatisierte Gewalt nicht nur wütet, sondern herrscht, jede Zukunftsperspektive abhanden kommt und der Furcht vor noch mehr gesetzloser Gewalt und in ihrem Gefolge Brandschatzung, Mord, Hunger, Analphabetismus, Verrohung und Seuchen, allen voran Aids, Platz macht.

III. Was bedeutet dies für die Bemühungen, die einmal Entwicklungshilfe hießen und nun Entwicklungszusammenarbeit genannt werden? Sie wird wichtiger und zugleich schwieriger. Es leuchtet unmittelbar ein, daß es keinen Sinn hat, mit viel Geld Projekte zu vereinbaren und auszuführen, wenn man keinen verläßlichen Partner hat und dieses Projekt, sei es eine kommunale Wasserversorgung, eine technische Schule oder eine Agrargenossenschaft, jeden Tag von Banditen zerstört werden kann. Wo Staaten zerfallen oder schon zerfallen sind, müßte man erst wieder die Institutionen einrichten und aufbauen, die ein vernünftiges Wirtschaften möglich machen. Aber wie?

Wo der staatliche Partner fehlt, sind die Möglichkeiten nationalstaatlicher Hilfe äußerst begrenzt. Etwas weniger hoffnungslos sind zivilgesellschaftliche Aktivitäten. Das gilt etwa für kirchliche Hilfe. Oft sind Kirchengemeinden die letzten zivilgesellschaftlichen Gruppen, die zusammenhalten, ihre Gottesdienste feiern, karitative Arbeit leisten und auf ein Mindestmaß kommunaler Ordnung und kommunaler Dienste dringen. Sie zu erhalten und zu fördern, liegt nicht nur im Interesse kirchlicher Mission. Manchmal können Nichtregierungsorganisationen auch Partner finden, etwa wie »Ärzte ohne Grenzen«, wenn es um Seuchenbekämpfung geht. Wirtschaftskontakte können helfen, Märkte zu ordnen und zu schützen. Das alles kann nur leisten, wer Risiken auf sich nimmt und sich durch Rückschläge nicht entmutigen läßt.

Für die »Konsolidierung von Staatlichkeit« sieht Tobias Debiel (im Anschluß an Nicole Ball) drei Hauptaufgaben:

»... die Entprivatisierung der Gewalt durch Reform des Sicherheitssektors;... die Förderung einer unabhängigen

Justiz,... schließlich die Dezentralisierung von Kompetenzen und Entscheidungsbefugnissen« (Tobias Debiel (Hg.) *Der zerbrechliche Frieden*, Bonn 2002, S. 33).

Alle drei Aufgaben berühren höchst sensible Bereiche, in denen das Eingreifen von außen Argwohn wecken muß, zumal dann, wenn eine fremde Großmacht die neue Ordnung importieren will. Weniger empfindlich sind die Menschen in solchen Fällen gegenüber internationalen Organisationen.

Wo nationalstaatliches Eingreifen von außen den Profiteuren privatisierter Gewalt die Chance gibt, Ressentiments zu schüren und neue Gewalt auszulösen, können multinationale Organisationen einspringen, zumal dann, wenn sie sich auf die Autorität der Vereinten Nationen stützen können. Auch sie können scheitern, aber ihnen kann es auch gelingen, die Unterstützung derer zu erhalten und zu mobilisieren, die lange genug gelitten haben und der Rolle hilfloser Opfer entkommen wollen. Das gilt vor allem dann, wenn, wie in Afghanistan, eine – möglicherweise kleine – UN-Interventionstruppe den Kern einer neuen Staatlichkeit schützt und absichert. Nur wer nicht als Marionette eines anderen Staates, etwa der früheren Kolonialmacht, abgetan werden kann, hat eine Chance, neue Institutionen aufzubauen.

Wo versucht werden soll, einen »failing state« vom totalen Zerfall zu retten oder den Bewohnern eines »failed state« wieder ein Mindestmaß an Sicherheit zu verschaffen, braucht es nicht nur fast unendliche Geduld, sondern auch beträchtliche Mittel und vor allem eine wohlüberlegte Strategie. Sie kann nur international erarbeitet und durchgesetzt werden. Hier liegt eine Aufgabe für die Vereinten Nationen und ihre Sonderorganisationen, besonders das UNDP (United Nations Development Programme), das auf Druck der USA zusammengestutzt wurde.

IV. Entwicklungszusammenarbeit muß also nicht nur an Bedeutung – und Mitteln – gewinnen, sie muß auch ihre Methoden gründlich überdenken. In den letzten Jahrzehnten hat sich ausdifferenziert, was einmal die »Dritte Welt« genannt wurde. Seit die neoliberale Version der Globalisierung Wirklichkeit wurde, ist eine weitere Differenzierung dazugekommen: die zwischen Ländern, die für das internationale Kapital interessant sind, und andern, die einfach abgeschrieben werden. Natürlich ist es nicht angenehm für aufstrebende Länder Asiens, wenn dort Milliarden von Dollar innerhalb kurzer Zeit investiert und in noch kürzerer Zeit wieder abgezogen werden. Aber in jedem Fall handelt es sich dabei um Summen, die das, was staatliche Entwicklungskredite bieten können, lächerlich erscheinen lassen. Hilfe für solche Länder ähnelt häufig einem Trinkgeld, das meist nicht ohne Eigeninteressen gegeben wird. Denn Aufträge aus Schwellenländern sind natürlich für die eigene Wirtschaft wesentlich wichtiger als die spärlichen Exporte in »least developped countries«. Daher werden sich immer einheimische Firmen finden, die sich für einen Kredit an Schwellenländer stark machen, vor allem dann, wenn er etwas finanzieren soll, an dem sie selbst beteiligt sind.

Trotzdem spricht politisch alles dafür, die staatlichen Hilfen mit der Zeit auf die Länder zu konzentrieren, die abseits der großen Finanzströme um ihre Existenz kämpfen. Für die Europäer liegen sie fast alle in Schwarzafrika. Europas Verantwortung für diesen Kontinent ist nicht nur begründet in einer gemeinsamen, nicht eben rühmlichen Vergangenheit, sondern in der Unausweichlichkeit einer gemeinsamen Zukunft. Nicht alles, was in Afrika, besonders in Schwarzafrika geschieht, läßt sich dem Kolonialismus anlasten. Aber die Kolonialherren von gestern haben kein Recht, sich naserümpfend zu distanzieren und gelangweilt zuzusehen, wie dieser Kontinent vor die Hunde geht. Und sie müssen möglichst gemeinsam handeln. Tun sie es nicht, müssen sie den Limes gegen die

Barbaren bauen, den Rufin vorhergesagt hat. Er wird so häßlich und so teuer sein wie die Mauern, welche die Reichen in São Paulo oder Johannesburg vor der Kriminalität aus den Slums schützen sollen. Im Zeitalter erzwungener Welt-Innenpolitik wird dieser Limes allerdings auf Dauer so wenig helfen wie die elektrischen Zäune der »gated communities«.

V. Die Entschuldung der armen Länder muß weitergehen. Was auf dem Kölner G 7-Gipfel 1999, übrigens auf Drängen der deutschen und der britischen Regierung, begonnen hat, muß fortgesetzt werden. Bei diesen ärmsten Ländern sind die westlichen Staaten am Zug, weil in diese Länder, im Gegensatz zu den erfolgreicheren Schwellenländern, kaum private Bankenkredite geflossen sind. Die Banken wußten, daß Verzinsung und Tilgung dort keineswegs gesichert waren. Das wußten auch die Regierungen. Sie haben dieses Risiko bewußt auf sich genommen, weil sie helfen, nicht verdienen wollten. Nun müssen sie tun, was sie von Anfang an einkalkuliert haben. Man mag einwenden, bislang hätten die reichen Länder nur auf die Schulden verzichtet, die ohnehin nicht mehr einzutreiben gewesen wären. Sogar wenn dies stimmt, ist diese Entschuldung heilsam. Sie nimmt den Druck der Hoffnungslosigkeit von den ärmsten Ländern, gibt schwachen Regierungen Handlungsraum. Wo Gegenwertfonds eingerichtet werden, die von privaten Schuldnern in der Landeswährung bedient werden, kann dies auch die Handlungsfähigkeit von Regierungen stärken. Fonds, auf die auch die Gläubigerländer noch ein Auge werfen und deren Verwaltung durch Organisationen der Zivilgesellschaft durchsichtig gemacht werden kann, kommen nicht nur der Infrastruktur eines Landes zugute, sondern auch seiner Regierbarkeit.
Wo Weltbank und internationaler Währungsfonds Programme entwerfen, Auflagen formulieren und Kredite vergeben, darf nicht nur eine ökonomische Theorie die Feder führen. Wo die Anpassungsprogramme des Währungsfonds

nach menschlichem Ermessen den Staatsverfall beschleunigen, sind sie auch dann falsch, wenn kluge Ökonomen sie ersonnen haben, nach deren Überzeugung sie der Sanierung von Finanzen und Haushalt dienen müßten. Wer, ob er es will oder nicht, so viel politische Macht hat wie Weltbank und Währungsfonds, muß auch politisch denken.

Schließlich wird eine Nord-Süd-Politik, die sich als Teil einer Weltsozialpolitik versteht, mehr Geld kosten, als heute in den Etats der Industrieländer zur Verfügung steht. Wenn es stimmt, daß der demokratische Rechtsstaat nur zukunftsfähig ist, wenn er durch den Sozialstaat unterfüttert ist, dann ist eine einigermaßen geordnete Welt-Innenpolitik nicht denkbar ohne eine Nord-Süd-Politik, die sich als Welt-Sozialpolitik versteht.

Vor mehr als 30 Jahren haben die Vereinten Nationen alle Industrieländer aufgefordert, mindestens 0,7 % ihres Sozialprodukts für öffentliche Entwicklungshilfe aufzuwenden. Seither beteuern die wechselnden Regierungen der meisten dieser Länder, daß sie sich darum bemühen, ausgenommen die der USA, die solche Verbeugungen nicht mehr nötig und ihre Leistungen noch 1990 radikal abgebaut haben. Aber nur wenige kleine Länder haben dieses Ziel erreicht oder sind ihm nahe gekommen. Fast alle haben sich in den letzten zehn Jahren weiter von der Zielmarke entfernt.

Es verspricht wenig, dieses Spiel noch einmal 30 Jahre fortzusetzen. In den nationalen Haushalten gelten offenbar andere Prioritäten. Gesucht wird eine zusätzliche Einnahmequelle außerhalb dieser Haushalte. Eine davon wäre die Tobin-Steuer auf Devisentransaktionen. Wer sie aus prinzipiellen Vorbehalten ablehnt oder aus praktischen Gründen für undurchsetzbar hält, müßte sich um einen anderen Vorschlag bemühen. Es hat schon eine gewisse Logik, die Mittel, die für einen globalen Ausgleich nötig sind, auch bei der Rahmensetzung für die globalen Märkte aufzubringen.

Kapitel 12
Die Hegemonialmacht,
die sich selbst im Wege steht

I. Seit es Staaten gibt, sind darunter mächtigere und weniger mächtige. Die Mächtigeren lassen es die weniger mächtigen fühlen, daß sie die Stärkeren sind. Wo sich, wie in Europa, so etwas wie ein Staatensystem ausbildet, schälen sich immer wieder Hegemonialmächte heraus. Dies können in jedem Jahrhundert andere sein. Im Europa des 16. Jahrhunderts war es Spanien, im siebzehnten Frankreich, im achtzehnten und vor allem im neunzehnten Großbritannien. Aber keine dieser Mächte hatte eine so unangefochtene Führungsposition wie heute die USA. Die Hegemonie der Vereinigten Staaten erstreckt sich zwar auch auf Europa, aber sie gilt weltweit, und jeder weiß es.

Hegemonialmacht hat ihre Versuchungen. Sie kann sich manches ungestraft erlauben, was andere Staaten besser nicht wagen. Vieles, was heute den USA vorgeworfen wird, ist nicht »typisch amerikanisch«, sondern das übliche Gebaren einer Hegemonialmacht. Dagegen hilft kein Moralisieren, sondern allenfalls der Aufbau einer anderen Macht, deren Wort man auch in Washington nicht überhören kann. Das wäre eine Europäische Union mit gemeinsamer Außen- und Sicherheitspolitik.

Hegemonialmacht bedeutete immer auch mehr Sicherheit. Ludwig XIV. konnte seinen Marschällen befehlen, die Pfalz zu verwüsten. Er mußte nicht befürchten, daß der Kurfürst von der Pfalz dafür Reims und seine Kathedrale einebnen könnte. Das Großbritannien des 18. Jahrhunderts konnte Kriege in Nordamerika führen, aber nicht einmal Napoleon wagte eine Invasion der britischen Inseln. Noch sicherer konnten sich seit 200 Jahren die Vereinigten Staaten fühlen. Nicht einmal der größenwahnsinnige Hitler oder die japanischen Generäle träumten von einer Landung in Massachusetts oder Kalifornien.

Gilt, was sich zwischen Staaten eingespielt hat, auch für die privatisierte Gewalt? Gibt es für sie überhaupt Großmächte, Supermächte? Oder sind vor der privatisierten Gewalt alle Staaten gleich? Vielleicht unterscheiden sie sich in ihrer Widerstandskraft gegen privatisierte »violence«, aber eben nicht durch die Größe ihrer Armeen und die Schlagkraft ihrer Flotten und Luftwaffen, sondern durch die Solidität ihrer inneren Ordnung. Könnte es sogar sein, daß eine Supermacht durch privatisierte, kommerzialisierte, gesetzlose Gewalt verwundbarer ist als kleinere, unauffälligere Staaten? Könnte gerade der Status der Hegemonialmacht die privatisierte Gewalt anziehen? Ist eine Hegemonialmacht hier nicht, wie gegenüber anderen Staaten, privilegiert, sondern im Nachteil? Und wenn dies so wäre, wie kann und wird sie dies hinnehmen?

Wenn die besondere Gefährdung durch privatisierte Gewalt zu den »Risiken und kontraproduktiven Wirkungen des Unilateralismus« der Hegemonialmacht gehört, die Franz Nuscheler beschreibt (Policy Paper Nr. 16 der Stiftung Entwicklung und Frieden, S. 8), kann diese dann unilateral dagegen angehen?

Der amerikanische Politikwissenschaftler Chalmers Johnson rät den Politikern seines Landes,

»sie täten gut daran, sich vor Augen zu halten, daß ihr Streben nach Aufrechterhaltung der imperialen Hegemonie unweigerlich vielfältige Formen des Rückstoßes (blowback) nach sich ziehen wird« (Chalmers Johnson, *Ein Imperium verfällt*, München 2001, S. 296).

Dieser Rückstoß werde asymmetrisch sein, sagt Johnson voraus. Das heißt in der Terminologie unseres Buches: Der Blowback wird die Form privatisierter Gewalt annehmen. Worum es Johnson geht, sagt nicht der deutsche Titel des Buches, sondern der englische Originaltitel: *Blowback: The Costs and Consequences of the American Empire.* Wie fängt die Hegemonialmacht, der kein anderer Staat mehr das Wasser reichen kann, den Blowback privatisierter Gewalt auf? Welche Methoden und Mittel eignen sich dafür?

Solche Fragen stellte sich bis zum 11. September 2001 nur die politische Theorie. Auch das Buch von Johnson erschien bereits im Jahr 2000. Seither verlangt die politische Praxis jeden Tag eine Antwort, auch von denen, die sich um diese Fragen drücken, sie nicht wahrhaben wollen, die daher meinen, Weltmacht sei nun einmal Weltmacht, ganz gleich, mit welchem Gegner sie zu tun habe.

Spätestens seit Ronald Reagan träumen die Vereinigten Staaten von der Unverwundbarkeit, davon, das »Fenster der Verwundbarkeit zu schließen«. Schon in den achtziger Jahren war der Einwand zu hören, ob denn noch genug Luft zum Atmen bliebe, wenn man alle Fenster der Verwundbarkeit luftdicht verschlossen habe, ob also der Traum der Unverwundbarkeit nicht mit Atemnot für die Freiheit im Innern zu bezahlen sei. Inzwischen ist klar, daß der 11. September nicht anders verlaufen wäre, hätte zu diesem Zeitpunkt schon ein Raketenabwehrsystem funktioniert, wäre also das letzte verschließbare Fenster der Verwundbarkeit bereits geschlossen gewesen.

II. Es versteht sich nicht von selbst, daß der amerikanische Präsident weiterhin entschlossen ist, an dieser Version der Unverwundbarkeit festzuhalten. Er will darauf nicht verzichten. Aber weil er weiß, daß sie gegen privatisierte Gewalt nicht schützen kann, führt er den »Krieg gegen den Terrorismus«, und zwar bis zum vollen Sieg. Denn erst dann wäre die Supermacht »endgültig« unverwundbar.

Bush will beides, die Unverwundbarkeit gegen die Raketen von »Schurkenstaaten« und zusätzlich die Unverwundbarkeit gegen privatisierte Gewalt. Dazu braucht er den definitiven Sieg gegen den Terrorismus. Wie könnte dieser Sieg aussehen? Ist er erreichbar oder wenigstens denkbar?

Immerhin haben die USA nicht nur den Terror von außen, sondern auch von innen erlebt. Als am 19. April 1995 in Oklahoma City ein mit Benzin und Ammoniumnitrat beladener Lastwagen explodierte und 186 Menschen tötete, wurde ein junger amerikanischer Rechtsradikaler namens Timothy McVeigh als Täter überführt und im Juni 2001 hingerichtet. Bis heute wird von seriösen Autoren bestritten, daß es sich um einen Einzeltäter gehandelt habe. Er habe rechtsradikale Komplizen gehabt. McVeigh war ein besessener, im Golfkrieg dekorierter Soldat, der die toten Kinder von Oklahoma City in der Sprache der Armee als »collateral damage« einstufte. Dazu gibt es in den USA die weniger spektakulären Formen des Terrors. Sie kommen nicht nur, aber eben auch von den 200 rechtsradikalen Organisationen, in denen genau die Verschwörungstheorien gepflegt werden, die einem Terroristen zum guten Gewissen verhelfen. Zwischen 1991 und 1995 wurden in den USA, wie Gerhard Waldherr in der Beilage zur *Süddeutschen Zeitung* vom 12./13. Januar 2001 berichtet, 3160 Bombenanschläge verübt. Man geht sicher nicht fehl in der Annahme, daß die Mehrzahl der Täter US-Bürger waren.

Eine Regierung, die ihr Land gegen Terror unverwundbar machen will, müßte sich also zuerst einmal um das Gewaltmonopol im eigenen Lande kümmern. Dies war nie leicht in einem riesigen Land, in dem die Gewaltbereitschaft aus verständlichen historischen Gründen hoch, der Waffenbesitz verbreiteter ist als anderswo und in dem man einen Wahlkampf erfolgreich mit dem Versprechen führen kann, gesetzliche Einschränkungen für privaten Waffenbesitz kämen nicht in Frage.

Dazu kommt eine Erosion des Gewaltmonopols, die weniger historische als soziale Gründe hat. Manche Beobachter sprechen davon, die Kluft zwischen Nord und Süd verlaufe heute quer durch die amerikanischen Großstädte. In den

Slums gelten andere Gesetze als die vom Kongreß im Laufe von zwei Jahrhunderten verabschiedeten. Wir haben gesehen, wie der Exklusion einer Unterschicht notwendig die Selbstexklusion der Oberschicht folgt, daß kriminelle Gewalt privatisierte Gegengewalt provoziert. Im Gegensatz zu manchen Ländern des Südens paßt sich diese privatisierte Gegengewalt in den USA nicht so rasch den Methoden derer an, die sie zu bekämpfen hat. Ob dies auf Dauer zu vermeiden ist, muß sich zeigen.

In keinem Land der europäischen Union sitzt auch nur annähernd ein so hoher Prozentsatz der Einwohner in Gefängnissen ein wie in den USA. Jeder vierte männliche schwarze Amerikaner zwischen 15 und 45 Jahren hat Gefängniserfahrung oder unterliegt der Bewährungshilfe. Manche der 50 Staaten geben schon mehr für den Strafvollzug aus als für ihre Universitäten. Es hat sich auch herausgestellt, daß die Kosten für den Vollzug in dem Maße steigen, in dem die Sozialausgaben gekürzt werden. Um diese Kosten zu senken, wird der Strafvollzug dann privatisiert. Wird hier nicht auch ein Kernbereich staatlicher Aufgaben »ausgelagert«? Einem Menschen die Freiheit zu entziehen, ihn hinter Gitter zu bringen, ist das alleinige Recht eines staatlichen Richters aufgrund staatlicher Gesetze. Dürfen private, kommerzielle Firmen dann diesen Freiheitsentzug übernehmen? Wenn einmal Waffen in das Gefängnis eingeschmuggelt werden, steht dann nicht private Gewalt gegen private Gewalt?

Der »Krieg gegen den Terrorismus« spart alle solchen Fragen nicht nur aus, er läßt sie erst gar nicht aufkommen. Der Feind kommt von außen, nicht von innen. Im Innern müssen alle Amerikaner zusammenstehen gegen den Feind von außen und seine wenigen Agenten im eigenen Land. Es ist wohl keine zufällige oder ungewollte Begleiterscheinung des »Krieges gegen den Terrorismus«, daß die Innenpolitik nicht ins Blickfeld gerät, es sei denn bei »Anti-Terrorgesetzen«, die Bürgerrechte einschränken. So läßt sich dieser »Krieg« ohne

Schwierigkeit verbinden mit einer Steuerpolitik oder einer Sozialpolitik, die notwendig die inneren Spannungen verschärfen und damit die Erosion des Gewaltmonopols beschleunigen müssen. Nicht einmal die Privatisierung der Passagierkontrollen mußte zurückgenommen werden. Der Skandal, daß da Teilzeitbeschäftigte, miserabel bezahlt, kaum ausgebildet und im Schnitt nur sechs Monate in diesem Job, für die Sicherheit des Flugverkehrs verantwortlich sind, wurde kaum wahrgenommen.

III. Die USA machen sich nicht nur wenig Sorgen um ihr nationales Gewaltmonopol, sie widersetzen sich auch einem internationalen. Zumindest die jetzige Regierung versperrt sich der Einsicht, daß es bei der Bekämpfung des Terrors einen Unterschied macht, ob ein Gewalttäter durch ein – eigens geschaffenes – amerikanisches Militärgericht oder durch einen internationalen Strafgerichtshof verurteilt wird. Im ersten Fall wird er für Millionen von Glaubensbrüdern zu einem Märtyrer, der gerächt sein will. Im zweiten Fall, zumal wenn im Gericht auch ein arabischer Muslim mitgewirkt hat, beginnt bei vielen ein Nachdenken: Hat er es nicht doch verdient? Darf man im Namen Allahs Zivilisten ermorden?

Wenn die Verhandlungen über einen internationalen Strafgerichtshof nicht schon seit Jahren im Gang wären, dann hätten sie nach dem 11. September 2001 beginnen müssen, und zwar auf Drängen der USA. Aber es kam anders. Zwei Wochen nach dem Anschlag auf New York und Washington, am 25. September 2001, kamen am Sitz der Vereinten Nationen in New York die Delegierten von 120 Staaten zur achten Verhandlungsrunde über »International Criminal Court« (ICC) zusammen. Der niederländische Außenminister van Aartsen gab der Hoffnung Ausdruck, daß das 1998 in Rom angenommene Statut des Gerichtshofs bereits vor dem Sommer 2002 die nötige Zahl von 60 Ratifikationen erreichen und damit in Kraft treten könne.

Zwei Tage später, am 27. September, wurde ein Schreiben bekannt, das genau am 25. September unterzeichnet worden war. Darin versicherte die US-Regierung dem Senator Jesse Helms, er habe für seine Gesetzesvorlage »zum Schutze der Angehörigen der amerikanischen Streitkräfte« (American Servicemembers' Protection Act) ihre volle Unterstützung. Zweck des Gesetzes soll sein, jeder amerikanischen Regierung die Überstellung eines Angehörigen der Streitkräfte an ein internationales Gericht zu verbieten. Der Brief an Helms zeigte: Die Haltung der US-Regierung zum internationalen Strafgerichtshof hatte sich durch den 11. September nur noch verhärtet. Ein gesetzliches Verbot, US-Soldaten vor dieses internationale Gericht zu bringen, schließt auch ein späteres Einlenken, etwa durch eine andere Regierung, aus. Schärfer kann sich ein Staat gar nicht von internationaler Strafgerichtsbarkeit distanzieren.

Hier geht es nicht darum, ob ein solcher Gerichtshof erfolgreich tätig werden kann, wenn die Hegemonialmacht ihn boykottiert. Auch ist das Gesetzgebungsverfahren zum Helms-Entwurf bei Abschluß dieses Buches noch nicht zu Ende. Wichtig ist, daß die US-Regierung sich durch ihr Nein bei ihrem Kampf gegen den Terror selbst im Wege steht. Es gehört wenig Phantasie zu der Voraussage, daß eine internationale Strafgerichtsbarkeit die Bekämpfung der privatisierten Gewalt und damit auch des globalisierten Terrors sehr erleichtern könnte. Es ist dringend nötig, daß Gewalttäter, die eine nationale Gerichtsbarkeit nicht zu scheuen brauchen, weil sie nicht mehr existiert, einen international legitimierten Richterspruch fürchten müssen. Und wenn schon vom »Krieg gegen den Terrorismus« gesprochen werden muß, dann kann es nicht im Interesse des Siegers sein, über den Besiegten zu Gericht zu sitzen. Das nimmt die Welt einmal hin, wenn kein anderes Gericht zur Verfügung steht. Aber wer den Richterspruch des Siegers über den Besiegten jedem anderen vorzieht, kann nicht auf Beifall von außerhalb des eigenen Landes rechnen. Er muß sich sogar auf Vergeltung und Rache derer einrichten, die sich zu den Besiegten rechnen.

Was weltweit für Recht oder Unrecht, gut oder böse zu halten sei, wird auch im 21. Jahrhundert kein Präsident eines Staates, und sei er noch so mächtig, entscheiden können. Wenn der amerikanische Präsident in seiner Botschaft zur Lage der Nation vom 30. Januar 2002 drei Staaten, die untereinander so gut wie keine Beziehungen haben, nämlich Iran, Irak und Nordkorea, zu einer »Achse des Bösen« ernennt, mögen Diplomaten lächeln. Den Menschen in diesen Staaten ist nicht zum Lachen zumute. Sie fürchten sich. Und ihre Medien schüren den Haß.

Wahrscheinlich wird erst im Rückblick allen klar werden, was die Privatisierung der Gewalt für die besonders Mächtigen bedeutet. Kein Staatschef wird es sich mehr leisten können, die Devise zu übernehmen, mit der römische Kaiser nicht schlecht gefahren sind: »Oderint dum metuant!« Mögen sie mich hassen, solange sie mich nur fürchten! Gegen die römischen Legionen war über Jahrhunderte kein Kraut gewachsen. Die unzähligen Kräutlein privatisierter Gewalt sprießen kräftig und leiden nicht unter Artenschwund. In einer so extrem verletzlichen Zivilisation findet der Haß immer eine Stelle, die schmerzt. Und wie man todesbereite Hasser das Fürchten lehren will, wird auch am Ende des 21. Jahrhunderts noch niemand wissen. Gegen Fanatiker, die sich selbst in ihren Vernichtungswillen einbeziehen, ist eine moderne, offene Gesellschaft mindestens so hilflos wie die Feinde römischer Kaiser gegen die Legionen.

Obwohl die USA immer betont haben, daß sie in Afghanistan Krieg führten, haben sie die gefangenen Gegner nicht als Kriegsgefangene behandelt. Europäischem Protest zum Trotz wurden die gefangenen Taliban an Händen und Füßen gefesselt in Käfige gesperrt. Ziel dieser Behandlung war offenbar nicht, körperlichen Schmerz zuzufügen, sondern zu demütigen. Die öffentliche Meinung Amerikas fand dies, von wenigen Ausnahmen abgesehen, ganz in Ordnung. Die rechtlichen Einwände, wie sie etwa der Völkerrechtler Andreas Paulus in der *Süddeutschen Zeitung* vorbrachte (Nr. 21/2002, S. 13), wurden vom Tisch gewischt. Schlimmer noch ist, daß die politischen Auswirkungen von der Regierung einfach übersehen wurden. Im Kampf gegen privatisierte, gesetzlose Gewalt muß die eigene Rechtsgrundlage solide und unangreifbar sein. Hier war sie es offenkundig nicht. Dazu kommt, daß Selbstmordattentate häufig aus einem Gefühl der Demütigung entspringen, sei es begründet oder nicht. Die weltweit sichtbare, in Bildern dokumentierte Demütigung der gefangenen Taliban wird mit Sicherheit denen Zulauf bringen, die solche Demütigung, und zwar mit den Methoden des Terrors, zu rächen entschlossen sind. Wer Terroristen die Chance gibt, staatliche Gegengewalt als Rache zu denunzieren, darf sich über die Rache für die Rache nicht wundern.

IV. Nach dem 11. September 2001 keimte bei aller Erschütterung in Europa die Hoffnung auf, die USA könnten nun von ihrer Politik des Unilateralismus abrücken. Manche Solidaritätsbekundung geschah auch in der Überzeugung, nun könne die Hegemonialmacht nicht umhin, in anderen Fragen, etwa der des Kyoto-Protokolls, Solidarität mit anderen zu üben.

Immerhin bezahlten die Vereinigten Staaten jetzt einen Teil ihrer Schulden bei der UNO. Außenminister Powell bemühte sich um ein weltweites Anti-Terrorbündnis. Die USA legten Wert darauf, daß die NATO den Bündnisfall für gegeben hielt.

Aber dann wurde klar, daß sich die Supermacht nach wie vor gegen jede Einbindung sperrte. Nicht die Mechanismen der NATO kamen zum Zug, sondern bilaterale Absprachen mit NATO-Partnern, die man sogar gegeneinander ausspielen konnte. Niemand sollte in eine Position kommen, in der er wirklich hätte mitreden können, auch nicht die Briten. Die US-Regierung wollte freie Hand, sie wollte bombardieren, wo, wie lange und mit welchen Bomben sie es für richtig hielt. Die anderen durften Hilfsdienste leisten, und sie haben es getan. Ihr Einfluß auf die Entscheidungen in Washington blieb bescheiden, und er beruhte vor allem auf der Einsicht, daß militärische Aktionen, von denen sich sogar die wichtigsten europäischen Verbündeten distanzieren mußten, keiner arabischen Regierung zu vermitteln wären.

Hier ist nicht der Ort, moralische Zensuren zu verteilen. Hegemonialmächte neigen nun einmal dazu, ihren Handlungsraum zu nutzen und sich die Möglichkeit offen zu halten, jederzeit nach eigenen Interessen und eigenem Gutdünken zu handeln. Die Frage ist nur, wie sich dies mit dem Ziel verträgt, den Terror niederzuringen.

Nicht, ob die USA sich ungebührlicher verhalten als andere Hegemonialmächte vor ihnen, ist die Frage, sondern ob Ernst-Otto Czempiel recht hat mit seiner Einschätzung der Wirklichkeit des 21. Jahrhunderts:

»Wer sich in der komplexen Gesellschaftswelt von heute außenpolitisch verhält wie die Monarchien einst in der vergangenen Staatenwelt, wird nicht nur erfolglos bleiben; er gefährdet auch seine Sicherheit. Er erzeugt Öffentlichkeiten, deren Kritik den politischen Terrorismus beflügelt. Wer die Welt führen will, kann das nur im multilateralen Einvernehmen erfolgreich tun.« (*Neue Gefahren verlangen neue Politik. Aus Politik und Zeitgeschichte* B 51, S. 40).

Nicht, ob das »America first«, das noch keine Regierung so unverhüllt praktiziert hat wie die des jüngeren Bush, moralisch oder unmoralisch, anständig oder unanständig, ist, soll uns hier beschäftigen. Wohl aber, ob es, auch im Interesse der USA und ihrer Bürger, gute Politik ist, ob Ziel, Methode und Mittel zusammenpassen, ob nicht das Scheitern vorprogrammiert ist. Hat ein im Kern unilateraler Kampf gegen den Terror mit B 52-Bombern und Militärgerichten eine Chance?

Muß er nicht immer neue Feinde, immer neue Selbstmörder produzieren?

Unilaterale Machtdemonstrationen können sehr wohl den einen oder anderen Politiker, auch in arabischen Ländern, einschüchtern, zur Vorsicht mahnen. Wer es noch nicht gewußt haben sollte, weiß es jetzt: Die Vereinigten Staaten lassen nicht mit sich spaßen. Sie können sich wehren. Aber kann man Fanatiker einschüchtern, die jederzeit zum Selbstmord bereit sind? Wie jagt man Menschen Todesfurcht ein, die ohnehin sterben wollen? Könnte es nicht sein, daß jede Machtdemonstration der Supermacht ihren Haß und ihre Todesbereitschaft steigert? Die selbsternannten Werkzeuge Allahs haben ja die »asymmetrische« Kampfesweise gewählt, weil die symmetrische keinerlei Chancen mehr bot. Was hilft es, wenn man ihnen diese bittere Einsicht noch einmal, immer wieder bestätigt? Könnten die Drahtzieher des Terrors nicht gerade daraus schließen, daß sie auf dem einzig »richtigen« Wege sind? Müssen sie nun nicht mit letzter Kraft versuchen, auf ihre Weise ihre Macht zu demonstrieren?

Es gehe schließlich nicht darum, Terroristen zu bekehren, läßt sich einwenden, sondern ihre Organisation, die Netze des Terrors zu zerreißen, ihnen die finanzielle Basis zu entziehen. Das ist sicher richtig. Aber sind Bomben dafür das angemessene Mittel? Und die Demütigung besiegter Feinde?

V. Dieses Buch bestreitet nicht, daß im Kampf gegen privatisierte Gewalt auch das Militär gefordert sein kann. Es rechtfertigt sogar den Einsatz von Streitkräften. Aber eben nur als Teil einer Strategie, in der die militärischen Aktionen ihre genau abgegrenzte und vor allem begrenzte Funktion haben. Wo die Gefahr besteht, daß die militärischen Mittel im Sinne der politischen Gesamtstrategie mehr schaden als nützen, dürfen sie nicht eingesetzt werden. Auch hier zeigt sich, warum der Ausdruck »Krieg« in die Irre führt. Ist ein Krieg einmal politisch beschlossen, müssen die Militärs ihn führen.

Die Politik hat ihnen nicht bei jeder Entscheidung dreinzureden. Da die Bekämpfung des Terrors ein politisches Konzept ist und jede militärische Aktion diesem politischen Konzept als eines unter vielen Mitteln in jedem Augenblick untergeordnet sein muß, ruft das Wort »Krieg« nur Mißverständnisse hervor, auch bei Generälen. Denn im Krieg gilt, wie der englische Historiker Michael Howard präzisiert, »Gewalt nicht mehr als das letzte Mittel, sondern als das erste« (*Rheinischer Merkur* 4/2002, S. 10).

Nicht daß die Vereinigten Staaten militärische Mittel einsetzen, wird ihnen hier vorgeworfen, sondern daß ihr strategischer Ansatz viel zu eng ist und daß in diesem verengten Ansatz von den Streitkräften etwas verlangt wird, was sie im Zeitalter der Globalisierung und der privatisierten Gewalt nicht leisten können. Wer mit »Terrorismus« nur die Anhänger und Werkzeuge des Kriegsherrn und Unternehmers Bin Laden meint und all die anderen Kriegsherren und Unternehmer außen vor läßt, die Millionen Menschen in Afrika oder Asien terrorisieren, hat nur einen sehr begrenzten Ausschnitt der Wirklichkeit im Blick. Wer einen Bin Laden jagt, ohne sich klar darüber zu sein, daß privatisierte Gewalt nun einmal nicht lokalisierbar ist, daß sie überall zuschlagen kann, aber meist nirgends zu greifen ist, darf sich über Mißerfolge nicht wundern. Ganz abgesehen davon, daß der Tod Bin Ladens mit Sicherheit nicht das Ende des Terrors wäre, nicht einmal des islamistischen Terrors.

VI. Bisher hat der »Krieg gegen den Terrorismus« vor allem einen positiven Nebeneffekt gehabt: die Chance eines Neuanfangs in Afghanistan. Niemand sollte diesen Erfolg gering achten. Aber er war so etwas wie ein erfreulicher »collateral benefit« neben manchem bedrückenden »collateral damage«.

Vielleicht war es der verengte Ansatz, der diesen positiven Nebeneffekt möglich machte. Aber es ist derselbe Ansatz, der auch zu gefährlich falschen Parallelen verführt. Was antwortet ein amerikanischer Minister, wenn der israelische Ministerpräsident ihn bei der eigenen Rhetorik packt: »Wir tun doch genau dasselbe wie ihr, wir führen Krieg gegen den Terrorismus. Also habt ihr hier nicht zu vermitteln, sondern unseren Kampf zu unterstützen.« Wer die Reden und Handlungen des US-Präsidenten verfolgt, kann dort leicht die Wirkungen dieser Argumentation finden. Und in dem, was im Nahen Osten wirklich geschieht, lassen sich Effekte dieser Gleichsetzung erkennen. Wie aber werden die radikalen Islamisten der ganzen arabischen Welt reagieren, wenn sich die Hegemonialmacht noch eindeutiger als bisher auf die israelische Seite schlägt? Wenn die Hegemonialmacht selbst das Massaker von New York auf eine Stufe stellt mit – sicher kriminellen – Formen eines verzweifelten Widerstands gegen eine jahrzehntelange harte Besatzungsherrschaft, die offenbar nie enden soll?

Eine andere, nicht weniger gefährliche Parallele ergibt sich aus dem verengten Ansatz: Warum sollten die USA, so meint der CNN-Zuschauer in Boston oder Huston, Bin Laden nicht genauso besiegen, wie sie Saddam Hussein oder Slobodan Milošević besiegt haben? Daß die letzteren Staatschefs waren, Bin Laden aber ein privater Gewalt-Multi, wird dann zweitrangig. Es markiert aber einen qualitativen Unterschied. Gegenüber einem Staat kann die Hegemonialmacht ihre militärische Überlegenheit jederzeit voll ausspielen, gegenüber privatisierter Gewalt nur sehr partiell und schließlich, wenn der Gegner sich verflüchtigt, gar nicht mehr. Dann müssen die Geheimdienste ihre internationalen Beziehungen nutzen, und dazu bedarf es nicht gewaltiger militärischer Machtmittel.

Wer den »Terrorismus« aus seinem gesellschaftlichen Umfeld und aus seinem geschichtlichen Zusammenhang reißt – und das ist die weltweite Entstaatlichung, Privatisierung, Kommerzialisierung und manchmal auch Globalisierung der Gewalt – und wer dann auch nur den für ihn selbst gefährlichsten Teil dieses »Terrorismus« ins Visier nimmt, der braucht sich um das nicht zu sorgen, wovon nicht nur die Sicherheit, sondern die Lebensqualität künftiger Generationen abhängt: um die Verteidigung oder Wiederherstellung nationaler Gewaltmonopole und deren Ergänzung und Stützung durch ein internationales Gewaltmonopol. Wer die Aufgabe so eng – und so unzureichend – definiert wie die Bush-Administration, kann sogar guten Gewissens die Privatisierung der Gewalt im eigenen Land vorantreiben und ein internationales Gewaltmonopol samt internationaler Gerichtsbarkeit hintertreiben.

In der »Weltrisikogesellschaft«, die Ulrich Beck ausgemacht hat, hat der Unilateralismus keine Chance: »Die Weltrisikogesellschaft erzwingt einen Multilateralismus« (a. a. O. S. 20). Und dann gilt auch: In einer solchen Weltgesellschaft »scheitert der Unilateralismus der USA«. (a. a. O.)

VII. Was bleibt zu tun für Europäer, die ihr eigenständiges Denken auch der Solidarität mit den Überfallenen nicht opfern wollen? Sie können wenig ändern, den USA keine Vorschriften machen. Sie müssen abwarten. Irgendwann wird sich, für alle sichtbar, herausstellen, daß diese Art von »Krieg« nicht zu gewinnen ist. Aber wie viele Fehlentscheidungen müssen bis dahin hingenommen oder verhindert werden? Können Europäer sie verhindern? Ausbaden müssen sie die Folgen allemal.

Aber die Europäer müssen nicht nur abwarten, bis der unerbittliche Lehrmeister Wirklichkeit seine Pflicht getan hat, zumal niemand weiß, wie ein so vitaler Schüler sich bei solchen Lektionen verhält. Die Europäer können und müssen zuerst einmal ihre eigene Strategie formulieren. Sie können der Privatisierung der Gewalt in ihren Ländern Einhalt gebieten. Sie können ihre Rechtsstaaten und damit nationalen Gewaltmonopole festigen, sie können dafür sorgen, daß die Kluft zwischen Reich und Arm sich eher schließt als vertieft, sie können ihre sozialstaatlichen Institutionen reformieren.

Sie können eine Diskussion darüber führen, was im 21. Jahrhundert der Markt leisten kann und soll, was Sache der Zivilgesellschaft ist oder werden soll und welche Funktionen des Staates unentbehrlich sind, wie der Staat als Kleid der Gesellschaft beschaffen sein, welche Aufgaben die Europäische Union in einer subsidiären Ordnung übernehmen soll.

Sie können nicht nur eine europäische Verfassung ausarbeiten, sie müssen gleichzeitig über das nachdenken, was Jacques Delors »europäisches Modell« genannt hat. Delors läßt sich auch so interpretieren, daß Europa nur da ist, wo von den drei Prinzipien der französischen Revolution, die in Deutschland als die Grundwerte Freiheit, Gerechtigkeit und Solidarität abgehandelt werden, keines unter den Tisch fällt, nicht die Freiheit, nicht die Leitidee der Gerechtigkeit, aber eben auch nicht die Solidarität, sei es die institutionalisierte Solidarität der jeweils Jungen mit den jeweils Alten, der jeweils Gesunden mit den jeweils Kranken, der jeweils Arbeitenden mit den jeweils Arbeitslosen oder auch die nicht so leicht institutionalisierbare Solidarität der Erfolgreichen mit den Erfolglosen.

So könnte Europa der Kontinent werden, an dem die Welle der Privatisierung und Kommerzialisierung der Gewalt sich bricht.

Gleichzeitig können die Europäer die UNO stärken und auf ein internationales Gewaltmonopol und eine Weltpolizei hinarbeiten. Sie können ihre Armeen auf die neuen Aufgaben vorbereiten, abrufbare Spezialkontingente dem UNO-Sicherheitsrat zur Verfügung stellen. Sie können den internationalen Strafgerichtshof arbeitsfähig machen.

Sie können auch eine gemeinsame Afrikapolitik entwerfen, damit nicht ein ganzer Kontinent privatisierter Gewalt zur Beute fällt. Sie können eine gemeinsame Haltung zum Nahostkonflikt suchen, um zu verhindern, daß die Demütigung der Palästinenser immer neue Wellen des Terrors auslöst, dort und weltweit.

Dazu müssen sie vor allem ihre eigene, die europäische Einigung voranbringen. Wir brauchen sie dringend, und die übrige Welt auch. Wenn wir uns einmal an so etwas wie europäische Innenpolitik gewöhnt haben, wird uns Welt-Innenpolitik nicht mehr schwerfallen.